De creyentes *a* Discípulos

EL CAMINO PASTORAL

Alejandro Escobedo

De creyentes *a* Discípulos

EL CAMINO PASTORAL

Alejandro Escobedo

DE CREYENTES A DISCÍPULOS
e625 - 2025
Dallas, Texas

Editado por: María Gallardo

Diseño de portada e interior: **JuanShimabukuroDesign @juanshima**

ISBN: 978-1-954149-80-9

IMPRESO EN ESTADOS UNIDOS

Contenido

Prólogo

Todos los discípulos son creyentes, pero no todos los creyentes son discípulos... Ese constituye el tema central de este libro, y es algo que el pastor Alejandro descubrió al calor del horno de toda una vida de servicio.

Jesús les dio a sus apóstoles en Mateo 28:19 un mandato claro y preciso: *"Por lo tanto, vayan y hagan discípulos de todas las naciones"*. ¿Lo notaste? Él no dijo: *"Vayan y hagan creyentes de todas las naciones"*. El mensaje que leerás en estos capítulos aborda el tema vital de ser y hacer discípulos con perspectivas eternas.

La presentación de esta obra es digna de un experto que ha examinado cuidadosamente el proceso que se necesita para tallar un diamante con paciencia y arte. No es solo un pastor-profeta quien nos instruye: es un discípulo que, en la escuela de Dios, ha sido él mismo también tallado, pulido y refinado.

"Ustedes son la luz del mundo", dijo Jesús en Mateo 5:14. Pero, ¿cómo puede alguien dejar que la luz de Dios brille a través de su vida, convirtiéndose en una bendición en este mundo oscuro? Para esto es preciso que, al igual que el artesano que trabaja con piedras preciosas, el Señor nos tome en sus manos y nos pula hasta que a través nuestro la luz pueda refractar, trayendo belleza a los corazones de quienes nos rodean.

En cada capítulo de este libro la luz divina brilla a través de un discípulo dolorosamente tallado, pulido por las circunstancias de la vida y a través de sus relaciones con otros discípulos, unidos en un mismo Cuerpo.

Gracias, pastor Alejandro, por haber obedecido la voz de Dios al escribir este libro, y por haber abierto tu corazón con tanta humildad. Eres un regalo para la Iglesia.

Vincent Fernández

Pastor de la iglesia Sin Fronteras; Longuyon, Francia

Pasteur de l'Eglise Sans Frontière, Longuyon, France

¿Por qué escribí este libro?

Lo que leerás en las siguientes páginas tiene su origen en cuatro fuentes principales.

La primera fueron una serie de conversaciones que tuve con Lucas Leys, un hombre de Dios al que admiro y respeto, y quien ha sido persistente conmigo, teniéndome paciencia cuando, desde un inicio, le expresé varias razones por las cuales no quería escribir (entre ellas, mi inexperiencia como escritor, las agendas que no coincidían y, por qué no decirlo, mi poca determinación con respecto a finalmente escribir un libro).

Ante cada uno de mis reparos, Lucas y su equipo se mostraron amigos, hermanos, y a lo largo del tiempo fueron consecuentes con su anhelo de colaborar juntos, teniendo estima por lo que yo pudiera comunicarle a la Iglesia, con la meta conjunta de sumar para el fortalecimiento del Reino de Dios en nuestros días.

La segunda fuente que originó lo que leerás en estos capítulos fue un grupo valiosísimo de personas, dentro del cual quiero resaltar a mi amada esposa Norma, a mis hijos Jahaziel, Hiram y Hanna, a mis pastores, Vincent y Marie-Elise Fernández, y al precioso equipo pastoral de la congregación que el Señor me ha confiado por gracia: Misael y Kharis, Iván y Eunice, Paco y Paty, Rogelio y Érika.

Tengo claro mi valor a los ojos de Jesús, de modo que no es que me sienta inferior, pero dar el paso de escribir por primera vez realmente me tomó años. De hecho, mi amigo Lucas no fue el primero en instarme a poner en tinta y papel algunas de las enseñanzas, algunos de los tesoros, que Dios me dio. Pero, aunque otras invitaciones habían tocado a mi puerta, nunca quise hacerlo, en parte porque en esos momentos no tenía la quietud necesaria, y en parte porque estaba convencido de que ya se había escrito mucho al respecto.

Esto es algo que sostengo: hay muchos libros; hay mucha literatura cristiana. Desde los grandes hombres y mujeres de Dios que durante siglos han escrito para dejarnos herencia, hasta los que hoy son voces frescas que escriben para renovarnos el ánimo de vivir como es digno del Señor en todas las áreas. Entonces, viendo delante de mí un escenario como ese, más de una vez me he preguntado: *¿Para qué escribir un libro más? ¿Qué se puede añadir a lo que ya hay?*

Por eso, esta obra no pretende redescubrir la pólvora, sino compartir con los lectores algunos mensajes que han sido un *rhema* a mi corazón como discípulo de Cristo y como pastor, teniendo el anhelo de que lo que he hallado en las Escrituras pueda serles de ayuda en su propio caminar de fe.

He resaltado a mi preciosa esposa, a mis hijos, a mis pastores y al equipo pastoral que presido, porque ellos no solo me han apoyado, sino que han creído que hay cosas que Dios me ha comunicado y que vale la pena compartir con los demás. También agradezco el servicio y la amistad de Jonathan Rodríguez, quien leyó las primicias de algunos capítulos y, con su ojo profesional y su juicio honesto, comenzó a darle orden a este libro. Él me dijo que valía la pena continuar, que estas páginas merecían existir. Jonathan y Karen son un invaluable tesoro en nuestra casa de fe, Conquistando Fronteras.

Como a todo predicador, me da muchísima alegría saber que lo que he compartido bendice a otros. Sé que esto ocurre por el poder mismo de la Palabra, pero cuando la gente más cercana a nuestro corazón nos impulsa, validando el llamado que Dios hizo, es algo que a uno lo llena de valentía para honrar ese llamado y llevarlo a cabo lo mejor posible. Siempre estaré agradecido por sus vidas y por la fortaleza que ustedes son para la mía.

La tercera raíz de este libro es el sueño de dejarles a mis hijos una herencia escrita que les ayude a caminar en las sendas de Cristo como discípulos genuinos, e incluso que, cuando yo ya no esté, mis nietos —y los hijos de sus hijos— puedan "escuchar" la voz de un abuelo que oró por ellos y escribió para ellos mucho antes de que nacieran. Así podrán recuperar mis pensamientos sobre el honorable camino del discípulo de Jesús, y confío en que andarán en él.

PASTOREAR ES RECONOCER A AQUELLOS QUE NECESITAN LA LUZ QUE DA LA PALABRA DE DIOS, Y AYUDARLOS POR MEDIO DE ELLA PARA QUE SEA DISIPADA LA OSCURIDAD EN SUS VIDAS.

La cuarta y última motivación que me llevó a escribir estos capítulos es una historia pastoral; una no muy grata, por cierto, pues aún me duele recordarla…

Hace algún tiempo me encontraba en mi oficina junto con uno de los miembros del equipo pastoral. Llegó a nosotros familia con una situación que a los padres los tenía preocupados y profundamente molestos. Justificadamente molestos.

Hago una breve pausa antes de continuar para decir que mi corazón se carga cuando veo a tantos hombres de Dios con grandes dones y capacidades exorbitantes, pero que creen que el pastorado es 100% predicación pública y exposición en redes, siendo que el trabajo de pastorear ovejas muchas veces se parece más a escenas como la que he comenzado a describir: almas turbadas que desean ser oídas o que necesitan ayuda, y conflictos no menores como el que comentaré enseguida. Pastorear es reconocer a aquellos que necesitan la luz que da la Palabra de Dios, y ayudarlos por medio de ella para que sea disipada la oscuridad en sus vidas.

Ahora sí, continúo. Resultó ser que se había suscitado una delicada situación entre uno de los hijos de la familia que he mencionado y un miembro de la congregación. Nos expusieron el caso con gran dolor. Cuando terminaron de narrarnos lo sucedido, comprendimos que no era un tema menor y que tenía que aclararse con rapidez. Los pastores que estén leyendo estas líneas pueden ya sentir conmigo la tensión que surge y la adrenalina que recorre tu cuerpo en estos momentos. Le pedimos a la familia un tiempo para proceder al diálogo con la contraparte, y les dijimos que los citaríamos después para una nueva conversación.

Así fue. Nos contactamos con el miembro en cuestión, le expusimos el caso y las evidencias que se nos habían presentado. Sin gran resistencia, él confesó y confirmó que las acusaciones que se hacían en su contra eran verdad. Su corazón se había descuidado en áreas con las que había lidiado años antes y, por bajar la guardia, cruzó líneas que no debió haber traspasado. Como correspondía al contexto, le pedimos abordar el tema y, aun con toda la problemática que se generó, estuvo dispuesto a hacer lo propio. Durante la charla le propusimos ayudarle para mantener sano su corazón, siguiendo al Señor y viviendo conforme a Sus enseñanzas. Quiero que entiendas que no hablo como un administrador de cuentas personales, sino como un padre en la fe, orgulloso de sus hijos que saben que cuando las cosas no van bien, en Jesús, nuestro Abogado fiel, siempre hay gracia para volver a casa.

Una parte del trabajo estaba completada. Claro que la restauración no tiene lugar de un día a otro, pero la aceptación de nuestras fallas y el pedir perdón al Señor y a quienes hemos ofendido, nos coloca en la dirección ideal para reverdecer y dar frutos, plantados junto a las corrientes de agua viva.

El siguiente paso, como conviene a los santos de una misma casa de fe, y ya que se había dado la aceptación de culpa porque el Espíritu Santo trajo convicción de pecado, era organizar un encuentro entre las partes para que ambas expongan su sentir y puedan proceder al perdón.

Citamos nuevamente a la familia para unos días más tarde. Evidentemente se hallaba todavía sumida en una gran molestia, incluso sumando argumentos nuevos y elevando las críticas a niveles que reflejaban que la sanidad de su alma se estaba erosionando a pasos agigantados. Sin más dilación e intentando apagar el fuego (no para "dar carpetazo" —cerrar el caso sin más— sino para aliviar el dolor y colaborar en la restauración de todos los involucrados), el pastor que me había acompañado en todo el proceso y yo buscamos escuchar, pero también notificarle a la familia a la brevedad que el acusado en cuestión había confirmado lo comentado y se encontraba dentro de las mismas instalaciones de la congregación en ese momento, pidiendo la oportunidad de encontrarse ellos y, con nuestra mediación, pedir perdón personalmente con el fin de resarcir la afectación.

Si eres pastor, sabrás que cuando logras llegar a este punto tras una racha de varias pequeñas victorias, ya sientes que comienzas a ver la luz al final del túnel. Falta poco para que la gloriosa cruz brille en los rostros de las personas, y el perdón de pecados brinde a los corazones una nueva aurora para comenzar de nuevo.

Por eso nos quedamos helados cuando el líder de la familia nos dijo que estaba abierto a escuchar y a entrar en diálogo, pero que su esposa no deseaba ver al acusado. Además, manifestó que ya estaba avanzando para proceder de manera legal, aun cuando habían admitido ante nosotros que el daño recibido era moral y no legal.

Cuando una condición así llega a darse, el pastor debe agudizar su atención a lo que Dios le hable sobre el tema y, principalmente, debe saber en dónde están sus límites. Un pastor cuidadoso de su grey, de su testimonio, y del honor del Señor, debe tener un altísimo cuidado cuando situaciones judiciales o legales emergen entre sus congregantes. Se requiere mucha sensatez, dominio propio, humildad y sabiduría (todo en conjunto) para determinar hasta dónde involucrarse. Y quiero dejar muy claro que no es el miedo lo que nos debe detener, pero la valentía insensata o la bravuconería tampoco deben llevarnos a saltar límites.

Somos pastores. Queridos consiervos, yo sé que lo saben, pero permítanme insistir: somos pastores. Nada menos que eso, pero tampoco nada más. Y nuestros llamados tienen barreras, fronteras y límites. Y sobre todo: no somos Dios.

Un punto más que necesito esclarecer para evitar cualquier sombra de confusión es que a la luz de la ley nacional mexicana, la acusación que hacía la familia en contra de aquel miembro no consistía en un delito. Fuimos cuidadosos como equipo pastoral en esto. Llamamos a dos abogados para plantearles el escenario tal como se nos lo había comunicado, y ambos concluyeron que el daño era totalmente moral y no calificaba como un delito. Quiero aclararlo porque de otro modo alguien podría utilizar estos párrafos para decir que los pastores encubrimos delincuentes en nuestras congregaciones. Es cierto que el Señor es Juez justo, pero también nos ordena a Sus discípulos la sujeción a nuestras autoridades, por eso nos asesoramos como era debido.

Ahora viene el desenlace. Teniendo a la familia ofendida ante nosotros, insistimos una vez más en que escucharan nuestras palabras. Esta vez busqué ser más preciso en mi hablar para que pudieran comprender la intención con la que estaba comunicándome. Tuvieron a bien oírme un poco más, así que continué. Como corresponde al oficio pastoral, ejercí como maestro en ese momento: recorrí varios pasajes a Biblia abierta para recordarles que los discípulos de Jesús somos llamados al perdón. Incluso les recordé que el Maestro nos enseñó a orar diciendo: *"y perdónanos nuestros pecados, así como nosotros perdonamos a los que pecan contra nosotros"* (Lucas 11:4a). No miento al decir que invertí una gran cantidad de tiempo exponiendo un pasaje tras otro hasta que tuve testimonio en mi corazón de haber dejado claros los términos del perdón y cómo aplican a la vida de cualquier cristiano. La respuesta de ambos padres fue: *"Queremos justicia. No vamos a perdonar, queremos demandar"*. Siendo así las cosas, les dije que yo no podía hacer nada más desde mi función pastoral y que, aunque me daba mucha pena su decisión, ellos podían proceder como consideraran mejor.

Parecía haber terminado todo, cuando ellos de repente lanzaron una nueva pregunta: *"¿Y la iglesia?, ¿qué va a hacer la iglesia?"*. Extrañado ante este nuevo interrogante, les pregunté qué querían decir con eso. Para no extenderme en pormenores, basta resumir diciendo que me pidieron que la iglesia procediera legalmente también. Una gran cólera brotó de ellos cuando les expliqué que no podía hacer tal cosa, pues el camino a seguir conforme a la Palabra de Dios era el perdón, y nuestro hermano (el que los había ofendido) estaba a las puertas esperando a ser llamado para pedir perdón en persona y aceptar las condiciones de la familia en diálogo respetuoso. (Además de que el agravio había sido plenamente moral, por lo que no era una omisión pastoral evitar que escalara a un tema legal, pues el asunto en cuestión no lo era por sí mismo).

La tensión volvió a subir. Entre críticas al liderazgo y al equipo pastoral, y con una ira ya muy considerable, una nueva línea se cruzó. La familia exigió: *"O se va él, o nos vamos nosotros. No podemos quedarnos ambas partes en la iglesia"*.

De un tema netamente personal-familiar, ahora la situación había escalado a tal punto que no solo la ley sino también la congregación entera se veía involucrada.

Tengo paz delante del Señor al decir que mi respuesta fue la siguiente: yo no podía echar a un miembro que, habiendo aceptado sus fallas, estaba esperando la oportunidad de pedir perdón y de resarcir el agravio.

Lo triste es que ellos habían sido también una familia constante, por muchos años miembros de la congregación. Lamentablemente, esgrimiendo su posición de haber sido servidores de la congregación, demandaban ahora la expulsión de su propio hermano.

Aunque proseguimos intentando fomentar el diálogo, la familia abrazó el agravio a tal punto que, sin dar nueva pauta o apertura, decidió directamente dejar de ser parte de nuestra congregación. Y así termina la historia.

Evidentemente, retuvieron el perdón hacia su hermano, ya que nunca dieron el espacio para que se les pidiera perdón, y, de manera injustificada, la iglesia fue insultada y duramente criticada por esta familia que nunca más regresó. Y no solo eso, sino que lejos de brindarnos una nueva oportunidad de diálogo, decidieron contarles su versión de la historia a otros miembros de la iglesia, quienes aun teniendo muchos años de ser nuestras ovejas fueron fuertemente influenciados de manera negativa por sus comentarios.

Pero mi mayor dolor ante todo esto fue darme cuenta de que en nuestra congregación teníamos personas que habían asistido durante años, que habían formado parte de nuestro liderazgo y de nuestras áreas de servicio y ministerio... pero que quizá no habían sido nunca discípulos verdaderos. Yo no soy juez, por supuesto, y no me atrevería a decir quién lo es y quién no, pero tengo claridad en que el Maestro dijo que nuestros frutos darían testimonio de si lo seguimos a Él o no. Y aunque Jesús no nos enseñó a juzgar las intenciones del corazón, por que le pertenecen a Él (Dios soberano y omnisciente), sí nos enseñó a discernir por los frutos si es que hay o no consistencia entre Sus palabras y nuestras acciones.

SER UN DISCÍPULO Y NO SOLO UN CREYENTE ES UN TEMA DEL CORAZÓN.

La carga de pensar que pudiéramos tener otros miembros que siguieran pasando años en nuestras sedes, pero que nunca avanzaran en el camino del verdadero discipulado, fue la última fuente que avivó en mi corazón el deseo de escribir el libro que tienes ahora en tus manos.

Estoy convencido de que la vida discipular en Jesús no consiste en hacer un estudio sistemático de la Biblia durante algunos años. Tampoco depende de qué nivel de formación teológica alcancemos. No desprecio los estudios; al contrario, los valido y los aplaudo, pero ser un discípulo y no solo un creyente es un tema del corazón. Es por eso que le pido al Señor que las líneas que leerás en este libro te ayuden en tu propio caminar, y en tu tarea de hacer discípulos, y que Él toque los corazones para que nuestras iglesias (y el mundo en general) estén cada vez más llenos de verdaderos discípulos de Jesús.

CAPÍTULO I

La formación del discípulo

Una carga en el corazón y una decisión personal

Epafras es un personaje del cual no suele hablarse mucho en las predicaciones cristianas. Sin embargo, con el paso de los años se ha convertido para mí en un referente de la carga que un pastor debe tener en su corazón con la meta de que los creyentes progresen hasta ser verdaderos discípulos de Cristo.

En Colosenses 4:12-13, el apóstol Pablo, que era el pastor de Epafras, lo describe con las siguientes palabras:

> *"Les manda saludos Epafras, un miembro de la misma comunidad de fe que ustedes y siervo de Cristo Jesús. Siempre ora con fervor por ustedes y le pide a Dios que los fortalezca y perfeccione, y les dé la plena confianza de que están cumpliendo toda la voluntad de Dios. Puedo asegurarles que él ora intensamente por ustedes y también por los creyentes en Laodicea y en Hierápolis".*

En el interior del corazón de aquellos que desean ser aprendices de Jesús debe estar también el deseo de enseñar a otros a ser más como Jesús, y de que alcancen madurez en Él.

Las oraciones de Epafras no eran comunes: en el griego original, las palabras "él siempre ora con fervor y pide..." al inicio del versículo 12, tienen un significado próximo al siguiente: "él combate y sufre todo el tiempo en oración a favor de ustedes...".

EN EL INTERIOR DEL CORAZÓN DE AQUELLOS QUE DESEAN SER APRENDICES DE JESÚS DEBE ESTAR TAMBIÉN EL DESEO DE ENSEÑAR A OTROS A SER MÁS COMO JESÚS.

En este texto se incluye la palabra griega ἀγωνίζομαι (*agōnizomai*), de la que más tarde se desprenderá nuestra palabra española 'agonizar'. En este sentido, 'agonizar' es algo similar a cuando las mujeres están dando a luz y parece que la fuerza se desvanece;

como todos sabemos, las madres sacan fuerzas de la debilidad hasta que ven nacer a sus hijitos.

En otra de sus cartas, el apóstol Pablo también hace una alegoría del sufrimiento que conlleva lograr que un creyente su convierta en un discípulo:

> *"¡Oh mis hijos queridos! Siento como si volviera a sufrir dolores de parto por ustedes, y seguirán hasta que Cristo se forme por completo en sus vidas" (Gálatas 4:19).*

El contexto aquí es que los creyentes de la iglesia de Galacia habían mostrado una preocupante fragilidad en cuanto a su comprensión precisa de que la salvación es por la fe en Jesús. Se habían dejado llevar por ideas desviadas, pensando que era necesario agregar algo más al sacrificio de Cristo (específicamente obras, como la circuncisión), y habían comenzado a permitir que se infiltraran en la Iglesia una cantidad de doctrinas de falsos maestros o pseudo-maestros, que iban perturbando y adulterando el evangelio por conveniencia personal (ver Gálatas 4:17). De esta manera, la Iglesia que antes había caminado por la senda pura, comprendiendo bien en el evangelio que Pablo les había enseñado acerca de la salvación por la fe en Jesús, ahora daba pasos hacia el extravío por causa de escuchar voces de personas que presumían de autoridad, pero que no tenían el carácter ni la evidencia de ser discípulos de Jesús.

Por esto es que Pablo amonesta a la congregación, por abrazar tales doctrinas erróneas. En su indignación por esta barbaridad que han permitido, el apóstol los llama 'estúpidos' (o tontos, torpes, o insensatos, según la traducción) y 'hechizados' (ver Gálatas 3:1), y llega hasta el punto de preguntarse si acaso había sido en vano todo el crecimiento anterior (ver Gálatas 3:4). Pablo les advierte que han permitido que en sus corazones se erosione el tesoro de la gracia que obtuvieron al creer en Cristo, y que lo están devaluando por ofertas seductoras de extraños.

Ahora dudan de Pablo, y lo repudian incluso como persona, siendo que en otro momento se habrían sacado sus propios ojos para dárselos, de ser posible, con tal de que Pablo aliviara una enfermedad que tenía en la vista (ver Gálatas 4:15). En cambio ahora, cuando los confronta por su error, lo ven como un enemigo. Han dejado de apreciar el cuidado paternal de su pastor y lo menosprecian, prefiriendo a los intrusos que han contaminado la Iglesia (ver Gálatas 4:16-17).

EL PROCESO DE HACER DISCÍPULOS ES UNA TAREA QUE INVOLUCRA SUFRIMIENTO Y DEDICACIÓN, SIMILAR A LO QUE VIVEN LAS MADRES Y LOS PADRES EN EL PROCESO DE CRIANZA DE SUS HIJOS.

Es evidente que esta epístola dedicada a la congregación de Galacia nos advierte sobre lo frágil que es corazón de los creyentes cuando existe una falta de formación. Nos muestra las graves consecuencias de dicha condición y, a la vez, resalta el amor y el empeño que debemos tener quienes hemos recibido el enorme privilegio de discipular a otros. Nos llama a sentir una carga en el corazón y a trabajar arduamente hasta que Cristo sea completado en ellos, así como está sucediendo en nosotros por misericordia del Señor. Pablo escribe a sus hermanos con palabras como las siguientes: "*Amados hermanos, les ruego que vivan como yo*" (Gálatas 4:12); "*Manténganse, pues, firmes en la libertad con que Cristo nos hizo libres, y no se sometan otra vez al yugo de la esclavitud*" (Gálatas 5:1, RVC); "*Pues ustedes, mis hermanos, han sido llamados a vivir en libertad; pero no usen esa libertad para satisfacer los deseos de la naturaleza pecaminosa. Al contrario, usen la libertad para servirse unos a otros por amor*" (Gálatas 5:13).

De hecho, a lo largo de todas las epístolas encontramos que los corazones pastorales expresan expectativas, alegrías, felicitaciones, amonestaciones y frustraciones en el desarrollo de su trabajo con sus hijos en la fe. Y es que el proceso de hacer discípulos es una tarea que involucra sufrimiento y dedicación, similar a lo que viven las madres y los padres en el proceso de crianza de sus hijos. Este proceso, en la maternidad y paternidad, comienza desde que los hijos están en el vientre, y seguirá a lo largo de las diversas etapas de sus vidas hasta que sean adultos. Ese mismo corazón de padres es el corazón de Epafras y el de Pablo: uno que anhela, que ora, que agoniza y que trabaja para que Cristo sea formado en la vida de sus hijos espirituales, acompañándolos a lo largo del proceso de pasar de ser simples creyentes hasta convertirse en verdaderos discípulos de Jesús.

Discípulo: el que conoce al Señor

En su primera carta, el apóstol Juan distingue con claridad las etapas que un creyente debe transitar para convertirse en discípulo, las cuales describe en este pasaje:

> *"Hijitos, les escribo porque sus pecados han sido perdonados por obra de Jesucristo. Padres, les escribo porque conocen al que siempre ha existido. Jóvenes, les escribo porque han vencido al maligno. Hijos, les escribo porque conocen al Padre. Padres, les escribo porque conocen al que siempre ha existido. Jóvenes, les escribo porque son fuertes; el mensaje de Dios vive en ustedes y han vencido al maligno" (1 Juan 2:12-14, PDT).*

Aquí podemos ver que Juan se dirige amorosamente a tres grupos distintos de personas que conforman la Iglesia. En primer lugar, les habla a aquellos a quienes llama *hijitos*: estas son personas a quienes es preciso reafirmar en la realidad del perdón de sus pecados. Esto ocurre con frecuencia al inicio de nuestro caminar en

Cristo, hasta que se asienta de manera continua esa convicción, la cual atesoramos al conocer al Padre.

En segundo lugar se dirige a los *jóvenes*, de quienes destaca dos características: por un lado, son aquellos en quienes radica la fortaleza que proviene del mensaje de Dios. Por otro lado, vemos lo que esos jóvenes pueden lograr con esa fuerza: ellos tienen poder suficiente para sobreponerse a las obras de nuestro enemigo.

Finalmente, y esto es de gran relevancia para nuestro tema, el apóstol Juan dedica unas líneas a aquellos a quienes llama *padres*. Dado el contexto de la carta, comprendemos que no se está refiriendo a quienes físicamente han experimentado la paternidad, o a quienes han alcanzado una determinada edad, sino que más bien está hablando de la madurez espiritual que poseen quienes se encargan de engendrar, cuidar y guiar a otros. La virtud de los *padres* no es su fortaleza, como sucede en el caso de los jóvenes, sino que Juan destaca en ellos la *madurez* de su fe como una consecuencia de *conocer* al Señor Jesús.

SER UN VERDADERO DISCÍPULO TIENE QUE VER CON LA RENUNCIA, EL DESAPEGO A ESTE MUNDO Y LA ACTITUD RADICAL DE ESTAR DECIDIDOS A SEGUIR LAS PISADAS DE JESÚS CUESTE LO QUE CUESTE.

Vivimos en una época en la que muchas veces se confunde ser un verdadero discípulo con ser una persona de sincero entusiasmo y algunas jornadas de fidelidad fugaz. Esto es así porque existe un error generalizado en la Iglesia contemporánea occidental: hemos reducido lo que es ser un discípulo a realizar algunas prácticas honestas y piadosas, en ocasiones incluso hasta gratificantes para nuestro yo, cuando en realidad la esencia de ser un verdadero discípulo es todo lo contrario. Es menguar nosotros, renunciar a nuestros propios caminos y buscar que Jesús crezca cada día en nuestras vidas y en cada decisión en nuestro corazón. Como dice Juan, se trata de *conocer* más a Jesús, para que al oír Su voz podamos distinguirla de las voces de este mundo, y comprometernos a seguirla hasta que Él sea formado plenamente en nosotros. Así, ser un verdadero discípulo tiene que ver con la renuncia, el desapego a este mundo y la actitud radical de estar decididos a seguir las pisadas de Jesús cueste lo que cueste.

De hecho, las siguientes palabras del pasaje que hemos leído en 1 de Juan, comunes a los hijitos, jóvenes y padres en la fe, son una fotografía de cómo se ve día a día de un discípulo. Juan nos cuenta a qué tendrá que enfrentarse y a qué tendrá que renunciar quien decida ser un discípulo de Jesús. Si alguien quiere llegar a ser un verdadero discípulo, es imprescindible que conozca esto y que esté dispuesto a vivir con ello por el resto de sus días, desde que despierta hasta que anochece:

> *"No amen a este mundo ni las cosas que les ofrece, porque cuando aman al mundo no tienen el amor del Padre en ustedes. Pues el mundo solo ofrece un intenso deseo por el placer físico, un deseo insaciable por todo lo que vemos, y el orgullo de nuestros logros y posesiones. Nada de eso proviene del Padre, sino que viene del mundo; y este mundo se acaba junto con todo lo que la gente tanto desea; pero el que hace lo que a Dios le agrada vivirá para siempre" (1 Juan 2:15-17).*

Muchas veces se piensa "románticamente" en cómo es ser un discípulo, limitando este honorable llamado al verlo como si solamente consistiera en estar con Jesús, apartados en un cuarto en oración, escondidos del contacto cotidiano, procurando huir de los "seres rebeldes" que podrían contaminar nuestras vestiduras resplandecientes. Y aunque la devoción en la intimidad tiene, por supuesto, su lugar, con esta visión hemos dejado de dar la información completa. Lamentablemente se habla muy poco de en qué consiste ser un discípulo *fuera* del lugar secreto, donde la realidad tiene más que ver con el pasaje que acabamos de leer.

A la luz de todo lo que hemos visto en las últimas páginas, podemos concluir cuál será la única forma de vencer sobre el enemigo. No serán precisamente la euforia y la pasión. Tampoco la ternura del corazón de quien quiere vivir su discipulado en lo secreto.

LOS DOCE DISCÍPULOS FUERON TRANSFORMADOS EN SU INTERIOR PORQUE CONOCIERON A JESÚS EN LA INTIMIDAD.

Solo el *conocer* a Jesús, y el *conocer* al Padre y al Espíritu Santo, podrán facultarnos para vivir como verdaderos discípulos. De otro modo podríamos ser como aquel que se apasiona por un tiempo y luego se apaga porque, al no conocer a Dios ni las Escrituras, no tiene cómo avivar su sentir.

Los doce discípulos fueron transformados en su interior porque conocieron a Jesús en la intimidad. De ser intemperantes, iracundos, cortos de entendimiento, traicioneros, incrédulos (y otras características con las que lamentablemente aun podríamos identificarnos), ellos llegaron a ser mártires por el nombre de su Maestro Jesús.

La pregunta es: ¿cómo llegaron hasta ese punto? O, mejor dicho, ¿cómo es que Jesús no desistió del proyecto de tenerlos cerca, sino que prosiguió hasta conseguir que sus vidas fueran una libación para Su gloria? Los discípulos terminaron siendo mártires por causa de su obediencia al mandato de Jesús: "*vayan y prediquen*", pero ellos consiguieron esa valentía y esa convicción porque atendieron la instrucción de permanecer en Él. Pues solo el que permanece puede llegar a conocerlo.

No un discípulo, solo un creyente

En gran medida, el fracaso histórico y parte de la frustración de tantos pastores alrededor del mundo al no conseguir que los creyentes se conviertan en discípulos (y con esto me refiero a que sean conformados a Cristo, más allá de cualquier otra pretensión eclesial) se deriva de la escasez de Epafras en las iglesias locales.

Hablar de los Epafras es hablar de siervos de Jesucristo que puedan ser descritos con las características que el apóstol Pablo emplea en Colosenses 4:12-13 al referirse a su colaborador, según leímos al inicio de este capítulo. Probablemente los Epafras no sean los más destacados a los ojos de la mayoría. Tal vez no sean tampoco los más dotados en cuanto a dones espirituales ni a progresos académicos. Pero lo que indefectiblemente poseen es el amor de Jesús, por el cual combaten a favor de sus hermanos en la fe *"hasta que Cristo se forme por completo en sus vidas"* (ver Gálatas 4:19). ¿Cómo podríamos dudar de que aquel que ama como Epafras ama también como Cristo Jesús?

HAY MUCHOS CREYENTES QUE PRETENDEN DISFRUTAR DEL SALVADOR Y EVADIR AL SEÑOR.

Los Epafras ruegan ante el Señor a causa de una carga sobrenatural que el Espíritu Santo les ha dado por aquellos que tienen cerca en su congregación, y se esfuerzan por ellos hasta que desarrollan lo que mi pastor, Vincent Fernández, define como "una columna vertebral espiritual sólida". Esta madurez resulta notoria cuando los vemos, no solo vencer la tentación debido a su fortaleza (como los jóvenes a los que Juan escribe), sino también constantes en la comprensión de la voluntad de Dios, pues se les ha aclarado por medio del conocimiento de Cristo y de Su Palabra. Así, sus acciones son virtuosas y cabales, y son más sabios en su día a día, siguiendo siempre a Jesús y evitando ser llevados por las circunstancias o el instinto.

Los Epafras evitan que sus hermanos lleguen a ser personas de doble ánimo, inconstantes en todos sus emprendimientos (ver Santiago 1:8), y buscan que sus hermanos se alejen de la indecisión, el egoísmo, el temor al compromiso, y la falta de sinceridad, para que puedan vivir siguiendo a Jesús de manera radical.

Debemos recordar que los discípulos verdaderos son aquellos que han aprendido a seguir el camino de Cristo cada día. Quienes aún luchan por defender su "derecho a elegir su propio camino", en sus términos y con sus propias metas egoístas, y quienes pretenden "seguir a Jesús" pero bajo sus propias condiciones, en realidad son personas que no han cedido el trono de sus vidas al Señor. Son *creyentes*, eso no es discutible, pues de cierta manera creen en Jesús... pero no son *discípulos*, pues viven ignorando la voz del gran Pastor y Maestro perfecto. En resumen, y es triste decirlo, hay muchos creyentes que pretenden disfrutar del Salvador y evadir al Señor.

Cualquier persona puede decir que es *creyente* en Cristo como su Salvador, y debemos creerle. Pero nadie puede ostentar el título de *discípulo* de Cristo hasta que haya abandonado, en cada aspecto de su vida y por decisión personal, su propia senda, y ahora siga exclusivamente el camino que le indique su Maestro, Jesús.

Por todo esto, parte del propósito de este libro es que podamos reconocer las ideas ambiguas, escasas y muchas veces nocivas acerca de lo que es ser un discípulo verdadero, para que podamos luego corregirlas o rectificarlas. Sigamos adelante, entonces, buscando comprender juntos cuál es la esencia de un discípulo verdadero.

Capítulo I:
La formación del discípulo

1. ¿Qué significa para ti «agonizar en oración» por otros, como lo hacía Epafras?

2. ¿En qué áreas de tu vida necesitas madurar para ser un verdadero discípulo de Jesús?

3. ¿Cómo puedes aplicar el ejemplo de Pablo en Gálatas 4:19 para ayudar a otros a crecer espiritualmente?

4. ¿Qué pasos concretos puedes tomar para arraigarte más profundamente en Jesús?

5. ¿Qué diferencia encuentras entre ser un creyente y ser un discípulo según lo que has leído?

CAPÍTULO II

Juan el Bautista y el modelo del discípulo

El primo de Jesús, Juan el Bautista, entendió perfectamente cuál era la esencia de un discípulo verdadero. Vemos esto en su forma de vivir, y en su manera de ejercer el ministerio. Observando su ejemplo podemos distinguir dos de las características esenciales que marcan la enorme diferencia entre ser un creyente y ser un discípulo verdadero:

1. ***Un ministerio centrado en Jesús.*** Todo el ministerio de Juan el Bautista fue desarrollado completamente en torno a Jesús. Juan vivió reconociendo el señorío de Cristo, no de manera ocasional ni oculta, sino de forma cotidiana y visible. Incansablemente daba testimonio de Él. Observa el siguiente versículo con mucha atención. Si es preciso, léelo más de una vez:

   "Juan dio testimonio de él cuando clamó a las multitudes: «A él me refería yo cuando decía: 'Alguien viene después de mí que es muy superior a mí porque existe desde mucho antes que yo'»." (Juan 1:15).

¿Alcanzas a percibir la claridad y la emoción de Juan cuando habla de Jesús, el Mesías? En su manera peculiar de expresarse en voz fuerte, él imprimía toda la claridad de la que era capaz para declarar: "¡Este es! ¡Este es del que tanto les conté que llegaría! ¡Él es el que había de manifestarse! ¡Él es, y *es más importante que yo*! ¡Ya existía antes que yo!". Con estas últimas palabras, Juan el Bautista estaba aclarando que no hablaba simplemente de un familiar suyo, sino del Dios Eterno, el Creador y Redentor del mundo, quien es y fue antes que todas las cosas.

2. ***Claridad en la propia identidad (saber quién es uno, y quién no).*** Juan el Bautista era frecuentemente cuestionado por quienes acudían a escucharlo: sacerdotes, levitas, fariseos, y otros hombres afanados por posiciones de poder e influencia; todos tenían curiosidad (y tal vez un poco de celos) de que en

pleno desierto se reunieran grupos multitudinarios solo para oír sus duras palabras. En cierta ocasión, los líderes judíos enviaron sacerdotes y ayudantes del templo desde Jerusalén para hacerle algunas preguntas… y el interrogatorio, que podemos encontrar en Juan 1:19-28, comenzó así:

> "—*¿Quién eres?*
>
> *Él dijo con toda franqueza:*
>
> *—Yo no soy el Mesías" (vv. 19-20)*

A simple vista parecería una pregunta inocente, una sencilla búsqueda de información básica. Sin embargo, no se refería a su nombre, sino a su autoridad. Y, en gran medida, a su identidad. Por eso, luego de esta pregunta inicial, sus interrogadores lo abordaron con varias preguntas más, todas referidas a su identidad:

> *"—Bien. Entonces, ¿quién eres? —preguntaron—. ¿Eres Elías?*
>
> *—No —contestó.*
>
> *—¿Eres el Profeta que estamos esperando?*
>
> *—No.*
>
> *—Entonces, ¿quién eres? Necesitamos alguna respuesta para los que nos enviaron. ¿Qué puedes decirnos de ti mismo?*
>
> *Juan contestó con las palabras del profeta Isaías:*
>
> *«Soy una voz que clama en el desierto: '¡Abran camino para la llegada del Señor!'»" (vv. 21-23)*

¡Cuántas cosas hubiéramos dicho en su lugar si el cuestionamiento se hubiera dirigido a nosotros! Probablemente cada cual hubiera intentado defenderse con sus mejores credenciales, con su experiencia, con sus estudios, con sus nombramientos y cargos, o con algún título especial que costó mucho trabajo conseguir. Juan, en cambio, respondió citando las palabras del profeta Isaías: *"Soy una voz que clama en el desierto:* «¡Abran camino para la llegada del Señor!»". Ni siquiera declaró ser *la voz*. Juan redujo su propia valía sin desacreditarse. Juan se consideraba a sí mismo como *una voz*, *un eco* de lo que ya otros habían dicho antes que él. Y desde ese lugar, él llamaba a todos a enderezar sus caminos, porque se acercaba Aquel que era realmente importante, del cual Juan no se consideraba ni siquiera *"digno de ser su esclavo, ni de desatar las correas de sus sandalias"* (v. 27).

JUAN EL BAUTISTA ES UN EJEMPLO DE ALGUIEN QUE ENTENDIÓ LA VERDAD FUNDAMENTAL QUE TODO DISCÍPULO DEBE ENTENDER: NO SOY YO. ES JESÚS. YO SOY SOLO UNA VOZ. EL CENTRO ES ÉL.

Juan el Bautista nos modela en este pasaje el espíritu correcto de un verdadero discípulo. Al observar su actitud, aprendemos que un discípulo verdadero no duda ni titubea con respecto a su identidad, sino que, por el contrario, tiene plena claridad en lo siguiente:

- *quién es*
- *quién no es*
- *para quién es* (*quién es la razón de su obra*), *y*
- *para qué está* (es decir, *en qué consiste su servicio y cuál es la razón para desarrollarlo*).

Juan el Bautista es un ejemplo de alguien que entendió la verdad fundamental que todo discípulo debe entender: *No soy yo. Es Jesús. Yo soy solo una voz. El centro es Él.*

Si entendemos esto, si verdaderamente lo creemos y lo aplicamos a nuestras vidas, automáticamente se aliviarán un sinfín de malestares emocionales, fruto de las presiones innecesarias que ejercen sobre nosotros el mundo, las personas, e incluso presiones que nos echamos a cuestas nosotros mismos a causa del enfoque hedonista que suele estar presente en los escenarios cristianos. Porque sí, lamentablemente hoy en día, incluso dentro de la Iglesia, muchas veces se insiste neciamente en que el éxito de la vida lo definen los "logros" bajo los estándares que el espíritu de esta época dicta, estándares que arrastran almas a la frustración y a las cuevas oscuras del fracaso.

EL DISCÍPULO VERDADERO ENTIENDE QUE SU GOZO Y SU PAZ VENDRÁN DE VER A JESÚS SIENDO GLORIFICADO, Y NO DE ENALTECER SU PROPIA FIGURA O MINISTERIO.

El discípulo verdadero, por el contrario, entiende que su gozo y su paz vendrán de ver a Jesús siendo glorificado, y no de enaltecer su propia figura o ministerio. Un discípulo se siente pleno cuando sabe que está haciendo aquello que su Señor le ha llamado a hacer y nada más. No es prisionero de autoexigencias ni de exigencias de otras personas en su entorno. No necesita un título o un nombramiento especial, y ciertamente no se siente jamás descalificado o celoso por el llamado de alguien más.

> *"Pero los que desean jactarse,*
> *que lo hagan solamente en esto:*
> *en conocerme verdaderamente y entender que yo soy el* SEÑOR
> *quien demuestra amor inagotable*
> *y trae justicia y rectitud a la tierra,*
> *y que me deleito en estas cosas.*
> *¡Yo, el Señor, he hablado!"*
> *(Jeremías 9:24).*

La única cosa de la que Dios nos permite gloriarnos es de perseguir (tal como es la esencia de un verdadero discípulo) Su voluntad, y dedicarnos por completo a ella. Ese es el camino. Él es el Camino. Y cuando nos dedicamos a seguirlo a Él como Camino, obedeciendo Sus palabras, entonces sentimos el gozo de estar cumpliendo el verdadero propósito de nuestra vida, el cual estará dirigido a conseguir que se haga la voluntad de Jesús.

Por todo lo anterior, es evidente la importancia de que cada uno de nosotros pueda tener claridad para responder estas dos preguntas: "*¿Quién soy?*", y "*¿Para qué he sido puesto en la Tierra?*".

Quita de tu espalda el yugo pesado de creer que naciste para construir un reino propio, para realizar hazañas, o para hacer cosas grandes y ostentosas. Borra de tu mente el engaño de que si muchos no ven lo que has construido, o no lo valoran y lo aplauden, entonces eres un "don nadie". Si permites que esas ideas entren en ti y se asienten, entonces siempre serás impulsado por la falsa motivación de que debes forjar tu vida para ser un titán. Y lo diré con claridad: ¡no es así! Ya existe un Reino perfecto y que no tendrá fin, y ya hay un Rey perfecto (que no eres tú, *es Jesús*). ¡Ahora alégrate porque maravillosamente puedes participar de ese Reino por Su gracia y por el poder del Espíritu que ha sido enviado a todos aquellos que vivimos bajo Su reinado!

Si es necesario, párate frente a un espejo y lee esto en voz alta:

No estoy aquí para hacer mi propio camino. No estoy aquí para construir mi propio reino. Estoy aquí para ser quien Jesús dice que soy, y para hacer lo que Él me ha encomendado hacer. Si soy valioso, lo soy porque pertenezco a Su Gran Reino, y soy bendecido al colaborar con mis dones y mi corazón ferviente, teniendo gozo en la ejecución de mis tareas; tareas que Él me ha delegado, y que puedo hacer con excelencia pues Él me diseñó para llevarlas a cabo.

Así, al caminar con un corazón libre, el verdadero discípulo puede decir junto a Juan el Bautista: *¡Jesús es quien yo les decía que iba a venir! Yo no soy digno. Yo no soy el Cristo. ¡Él es! ¡Ahí está el que* *limpia! ¡Cristo es el Cordero de Dios que quita el pecado del mundo!*

SI DE VERDAD PRETENDEMOS SER DISCÍPULOS, NUESTRA ÚNICA META DEBE SER CENTRAR NUESTROS CORAZONES, MIRADAS, FUERZAS Y TODOS NUESTROS RECURSOS EN JESÚS, A FIN DE HACER QUE LOS DEMÁS MIREN EN LA MISMA DIRECCIÓN.

Juan el Bautista nos ubica en el lugar correcto. Esa debe ser la declaración de identidad y de propósito del verdadero discípulo. Y también nos señala la dirección correcta. Si de verdad pretendemos ser discípulos, nuestra única meta debe ser centrar nuestros corazones, miradas, fuerzas y todos nuestros recursos en Jesús, a fin de hacer que los demás miren en la misma dirección. ¡Siempre hacia Él!

Vivir sin celos de Jesús

Te invito a que leamos juntos el siguiente pasaje:

> *"Entonces los discípulos de Juan fueron a decirle:*
>
> *—Rabí, el hombre que estaba contigo al otro lado del río Jordán, a quien identificaste como el Mesías, también está bautizando a la gente. Y todos van a él en lugar de venir a nosotros.*
>
> *Juan respondió:*
>
> *—Nadie puede recibir nada a menos que Dios se lo conceda desde el cielo. Ustedes saben que les dije claramente: 'Yo no soy el Mesías; estoy aquí solamente para prepararle el camino a él'" (Juan 3:26-27. Subrayado del autor).*

Juan el Bautista ya era un maestro antes de que Jesús iniciara su ministerio, de tal forma que sus discípulos lo llamaban *rabí* (v. 26). Y si retrocedemos un poco, en el mismo capítulo de Juan 3 vemos que había aparecido otro maestro en el relato: Nicodemo, identificado como maestro por Jesús mismo (ver Juan 3:10), y de quien el apóstol Juan dice que era un hombre respetado entre los judíos. Contando también a Jesús, ¡qué interesante que en un mismo capítulo se hable de tres maestros!

Pero claro, no eran tres maestros iguales. El rabí Nicodemo reconoció al *Rabí Jesús* como uno venido de Dios ("*...Rabí—le dijo—, todos sabemos que Dios te ha enviado para enseñarnos. Las señales milagrosas que haces son la prueba de que Dios está contigo*", Juan 3:2), y el rabí Juan el Bautista reconoció también al *Rabí Jesús,* y ayudó a sus discípulos a comprender la diferencia entre ambos, diciéndoles: "*Yo no soy el Mesías*".

Juan el Bautista tenía fama y prestigio, la estima de hombres con poder político y de sus aprendices, pero cuando el *Rabí Jesús* entró en escena, Juan dejó bien claras las cosas:

> *"Ustedes mismos me son testigos de que dije: «Yo no soy el Cristo, sino que he sido enviado delante de Él»" (Juan 3:28, NBLA).*

LO QUE BUSCA UN BUEN MAESTRO ESPIRITUAL ES GUIAR A TODOS SUS APRENDICES PARA QUE VAYAN TRAS EL GRAN MAESTRO, JESÚS.

Sus discípulos estaban preocupados, pero Juan los ayudó a comprender que era normal (¡y correcto!) que la gente acudiera a Jesús. De hecho, ¡lo más importante era que todos fueran a Él! Juan no compitió con Jesús, sino que afirmó: "*No hay problema con que las personas acudan a Jesús en vez de venir a mí, y está muy bien que Él los bautice. Mi tarea es anunciarlo a Él, para que todos puedan llegar a Él*".

Aquí Juan nos dio una cátedra práctica acerca de cómo es alguien que discipula bien. Alguien que tiene claro para qué sirve el ministerio y que aleja de sí mismo cualquier clase de intereses, motivaciones y pretensiones sucias y egoístas. Lo que busca un buen maestro espiritual es guiar a todos sus aprendices para que vayan tras el Gran Maestro, Jesús. Por el contrario, un maestro que siente conflicto cuando las personas que preside buscan al Señor por un medio distinto a él mismo, debería replantearse su quehacer y reflexionar profundamente para ver si se ha desviado, no solo como maestro, sino como discípulo también.

¡Hoy los cristianos del siglo XXI necesitamos ministros que vistan pieles de camello, que coman lo básico y que no desarrollen ni edifiquen su ministerio en templos! Oro para que mis palabras sean comprendidas con la intención con la que las escribo, ya que no estoy hablando en contra de usar alguna buena ropa, o de dejar de lado la oportunidad de un buen festín de comida, porque incluso Jesús fue acusado de glotón por comer constantemente con unos y otros. Tampoco estoy en contra de recibir el sostén económico digno de los obreros, porque Jesús mismo tenía un tesorero, lo sustentaban mujeres pudientes y con frecuencia leemos que estaba en las casas de los ricos. Hablo, por lo tanto, específicamente de la gran urgencia, de la gran necesidad que tenemos, de ministerios que sean más como Juan el Bautista en el sentido de que huyan de usurpar algo que le pertenece a Jesús. Ministros y ministerios que se cuiden muy bien de no arrebatarle Su gloria y la atención que solo Él merece.

Le robamos Su gloria cuando nos permitimos albergar en nuestro corazón sentimientos de competencia con el Maestro y con Su Palabra. Muchas veces llevamos a otros a acercarse a Jesús con nuestras enseñanzas, con nuestro consejo y con nuestro servicio, pero cuando alguien no reconoce lo que hemos hecho, nos duele. Nos molesta en lo más profundo de nuestro ser que las personas no vean lo que hemos hecho por ellas, y que solo avancen hacia

Jesús sin darnos el crédito. Sentimos que, si eso sigue ocurriendo, pronto nos desvaneceremos... que ya no seremos imprescindibles... y, lo reconozcamos o no, si dejáramos de ser vistos y buscados, sufriríamos profundamente.

LA GLORIA DE JESÚS ES EL GOZO CONSUMADO DE UN DISCÍPULO VERDADERO.

Juan el Bautista nos provee el antídoto contra este mal. En Juan 3:29 lo vemos responderles a sus discípulos, quienes temían que la popularidad de Juan estuviera en riesgo:

> *"Es el novio quien se casa con la novia, y el amigo del novio simplemente se alegra de poder estar al lado del novio y oír sus votos. Por lo tanto, oír que él tiene éxito me llena de alegría".*

El verdadero discípulo sabe que él tan solo es el amigo del Novio, y nunca pretenderá robarle Su gloria ni la atención de Su esposa. El amigo del Novio se alegra. Está cerca y es feliz con el éxito del Novio. La gloria de Jesús es el gozo consumado de un discípulo verdadero.

Y luego de decir esto, luego de aclarar cuál era la prioridad en su corazón, Juan el Bautista cierra el tema en el versículo siguiente, cuando dice:

> *"Él debe tener cada vez más importancia y yo, menos" (Juan 3:30).*

Esto es todo lo que necesitamos entender si queremos ser discípulos de Jesús. Nuestro trabajo en el Reino no es desaparecer, pero sí menguar. No tenemos que sentirnos mal cuando alguien reconoce nuestro nombre o conoce nuestra trayectoria ministerial, pero siempre tenemos que asegurarnos de estar por debajo del Maestro. Procurar que cada día Él crezca y nosotros mengüemos. Y cuidar que siempre brille más Él que nosotros.

Capítulo II:
Juan el Bautista y el modelo del discípulo

1. ¿Cómo puedes centrar tu vida y ministerio en Jesús, como lo hizo Juan el Bautista?

2. ¿Qué tan claro tienes quién eres y quién no eres en tu caminar con Cristo?

3. ¿Qué significa para ti la frase: «Él debe tener cada vez más importancia y yo, menos»?

4. ¿Cómo puedes evitar caer en la tentación de buscar tu propia gloria en lugar de la de Jesús?

5. ¿Qué áreas de tu vida necesitan alinearse más con el ejemplo de humildad de Juan el Bautista?

CAPÍTULO III

Juan el apóstol y el modelo del discípulo

El apóstol Juan es otro hombre de quien podemos aprender a tener una correcta apreciación de Jesús y de nosotros mismos. Al inicio de su Evangelio, él comparte con sus lectores la revelación de quién es Jesús y quiénes somos Sus discípulos:

> *"Todos hemos participado de su perfección y recibido generosamente bendición tras bendición. Dios dio la ley por medio de Moisés, pero el generoso amor y la verdad llegaron por medio de Jesucristo" (Juan 1:16-17, PDT).*

¿No es emocionante notar la claridad que tenía Juan acerca del propósito de Jesús en su manifestación? El apóstol aquí nos recuerda que Jesús tiene el poder de bendecir nuestras vidas con una amplia generosidad, una de la que solamente el Dios del cielo puede ser capaz. Él puede darnos bendiciones sin límite, concediéndonos todo lo que necesitamos y, conforme a Sus planes y sabiduría, incluso aquello que soñamos.

INCLUSO NUESTRO CRECIMIENTO Y MADUREZ ESPIRITUAL PROVIENEN DE SU GRACIA Y MISERICORDIA. ES SOLO EN ÉL QUE PODEMOS LOGRAR SER DISCÍPULOS.

Al hacer la declaración: *"Todos hemos participado de Su perfección"*, y al confesar esta verdad, el apóstol parte del hecho de que incluso nuestro crecimiento y madurez espiritual provienen de Su gracia y misericordia. Es solo en Él que podemos lograr ser discípulos. No podemos alcanzarlo en nuestra capacidad, ni en nuestros años de reuniones o de servicio eclesiástico. Es en Él. Siempre en Él y solo en Él.

En Jesús, el amor y la verdad están ante nosotros. Juan explica que, a diferencia de la Ley enviada por medio de Moisés, el amor y la verdad fueron revelados a nosotros solo en Jesús. Él no está desacreditando la Ley, sino introduciéndonos a un entendimiento más profundo sobre esta diferencia. Tiene que ver con lo que Pablo llama "vivir en el Espíritu", como opuesto a "vivir en la carne". Recordemos que vivir en la carne no solo involucra el que nuestros miembros se doblеguen y sirvan al pecado, sino también incluye el buscar la aprobación y justificación de Dios basados en nuestros propios méritos.

Juan nos ayuda a avanzar en nuestra comprensión espiritual al señalarnos que Jesús es la suficiencia del amor y la verdad. Jesús es la fuente de la perfección (o la madurez) que nos sostiene como discípulos en todas las esferas de nuestra vida. El comprender y abrazar la profunda necesidad que todo discípulo tiene de Jesús, el manantial de bendición, verdad y madurez, hará que nos rehusemos a vivir en la tendencia actual de reducir a "Jesús el Señor" a tan solo "Jesús mi camarada" o "Jesús mi amigo".

No ignoro ni niego que Jesús nos ha llamado 'amigos', pero nuestra amistad con Él entra en un contexto bastante concreto, que no se basa en meros sentimientos de empatía o de aprecio mutuo. Juan 15:15 dice:

> *"Ya no los llamo siervos, porque el siervo no sabe lo que hace su señor; pero los he llamado amigos, porque les he dado a conocer todo lo que he oído de Mi Padre" (NBLA).*

En las palabras del Maestro podemos entender de dónde surge nuestra amistad con Él, y es precisamente en que Él nos ha dado a conocer el mensaje del Padre (amor y verdad). No somos amigos de Jesús porque pasamos tiempo con Él, porque salimos a pasear juntos o disfrutamos una buena tarde conversando con Él. Eso viene con la amistad, es verdad, pero no somos amigos *por* esas actividades. Nuestra amistad con Jesús gira en torno a Su Palabra. De hecho, un versículo antes del que leímos recién, Jesús estableció una plomada en lo que hace a la amistad entre un discípulo y Él:

> *"Ustedes son mis amigos si hacen lo que yo les mando" (Juan 15:14).*

En este sentido, es interesante analizar también Santiago 4:4:

> *"¡Adúlteros! ¿No se dan cuenta de que la amistad con el mundo los convierte en enemigos de Dios? Lo repito: si alguien quiere ser amigo del mundo, se hace enemigo de Dios".*

Este es, pues, el indicador adecuado para medir la amistad entre el discípulo y su Señor: la obediencia y la lealtad hacia Su Palabra.

Esto es muy distinto a lo que al parecer muchas personas entienden cuando leen el pasaje de Juan en el que Jesús nos llama amigos. Muchos lo toman como si el Maestro estuviera diciendo: *"Ahora que son mis amigos, han subido de categoría en cuanto a nuestra relación y podrán omitir algunas ordenanzas por el privilegio que su nuevo estatus de 'amigos' les confiere. Ahora podrán elegir qué indicaciones mías no alteran su día y su proyecto de vida, y cumplir solo esas. Como ahora somos amigos, está bien si obedecen parcialmente mis mandamientos, porque Yo deseo que ustedes se sientan cómodos con nuestra amistad. Desde ahora en adelante, no tengo ningún problema si alguien los señala como irreverentes. No hagan caso de los 'religiosos' que no tienen una relación verdadera conmigo. Ustedes simplemente muestren su credencial del* Club Amigos de Jesús *y, debido a su nuevo nivel, nadie tendrá derecho a cuestionarlos".*

Aunque parece casi cómico, con pesar debemos reconocer que así suenan algunas voces necias e ignorantes de esta generación, que intentan "redefinir" lo que es ser un discípulo de Jesús y un amigo de Jesús, y lo hacen dándole la espalda a la Palabra de Verdad.

NADIE QUE VEA A SUS HERMANOS COMO UNA FORMA DE OBTENER RECURSOS MATERIALES, O INCLUSO FAMA, PODRÁ SER UN INSTRUMENTO ÚTIL PARA AYUDARLOS EN SU CAMINAR HACIA SER CONFORMADOS COMO VERDADEROS AMIGOS DE JESÚS.

Lamentablemente, el refrán de los abuelos mexicanos es real: "Siempre habrá un roto para un descosido" (es decir, siempre habrá un segundo insensato que secunde las ideas erradas de un primero). Las almas inconstantes siempre buscarán voces que los gratifiquen, que los afirmen y que justifiquen y disculpen su falta de compromiso con Jesús.

El apóstol Pedro, compañero de misión del apóstol Juan, ya en su madurez como un padre y protector de la Iglesia, deja esta advertencia para las nuevas generaciones:

> *"...así como antaño hubo falsos profetas en medio del pueblo de Israel, así también habrá entre ustedes falsos maestros que introducirán divisiones perniciosas. Se atreverán incluso a negar al Señor que los ha salvado, y de este modo se acarrearán un desastre fulminante. Muchos secundarán sus desenfrenos, y el camino de la verdad será cubierto de oprobio por su culpa. En su ambición querrán, con palabras engañosas, utilizarlos a ustedes como objetos de compraventa; pero hace tiempo que está dictada su condena, y pronta para consumarse su ruina" (2 Pedro 2:1-3, BLPH).*

No es mi intención hablar del juicio que está anunciado, aunque no es poca cosa esta advertencia. Basta con que cada discípulo del Señor valore la autoridad y el peso de la Palabra que el apóstol Pedro nos deja. Deseo enfocarme en la motivación que se destaca en el versículo 3: hay quienes quieren pervertir y corromper a los creyentes en el engaño, estorbándoles en su camino de ser verdaderos discípulos. Hay quienes están llenos de anhelos deshonestos por las riquezas, ¡pero atención!: nadie que vea a sus hermanos como una forma de obtener recursos materiales, o incluso fama, podrá ser un instrumento útil para ayudarlos en su caminar hacia ser conformados como verdaderos amigos de Jesús.

Un falso maestro se distingue porque pretenderá servir guiando a los creyentes, pero su ambición le nublará la pureza de ver a Jesús como máximo valor. Entonces intentará ganar adeptos endulzándoles el oído, hablándoles solo aquello que desean escuchar, dándoles posiciones de privilegio, y haciendo a un lado la verdad para dar lugar a un "pseudoevangelio" adaptable a gusto del creyente, en reemplazo del evangelio único que hace que un creyente pueda llegar a ser constituido como un discípulo. De esta manera, un falso maestro jamás podrá ayudar a un creyente a convertirse en amigo de Jesús en conformidad con las Escrituras, pues para ello hace falta reconocer lo que Juan enseñó: que el amor y la verdad provienen solo de Jesús, y que Jesús es fuente de bendición y madurez cuando nos acercamos a Él en obediencia.

JESÚS ES FUENTE DE BENDICIÓN Y MADUREZ CUANDO NOS ACERCAMOS A ÉL EN OBEDIENCIA.

Un mensaje para nunca olvidar

Un hombre extraordinario, el pastor Jesús Castelazo, quien fue plantador de cientos de iglesias en México, comprendía la necesidad vital de ayudar a los creyentes a madurar hasta convertirse en discípulos. Por eso, a lo largo de su vida él centró su mensaje en un blanco único y claro, el cual nunca comprometería: la cruz.

Sin amarga añoranza, pero sí con un deseo ferviente, yo anhelo y pido al Señor que nunca falte ese calibre de hombres en mi nación. Aún recuerdo el título de la enseñanza que impartió en nuestra congregación hace, a la fecha que escribo este libro, ya más de veinte años. Su mensaje fue: "No le cortes a la cruz". Él nos recordó lo ofensiva que resulta ante el Señor esta práctica y enfatizó en cuánto perderíamos de las gracias y bendiciones del Señor si elegíamos conducirnos por la vida tratando de negociar con el Señor en lugar de rendirnos a Él.

No debería ser complicado entender que "tomar nuestra cruz cada día" consiste, precisamente, en no negociar con el Señor. Por el contrario, consiste en escuchar y rendirnos ante la voluntad y los mandatos de nuestro Gran Maestro, sin albergar la sensación de que tendríamos mejores resultados por nuestra propia cuenta que siguiendo aquellas indicaciones que Jesús nos da.

Jesús es el Camino. Esta es la revelación que nos graduará como discípulos. Él prometió que nos guiará por caminos de justicia, es decir, convenientes al plan y propósito que ha determinado para cada uno de los que hemos decidido seguirlo. El Salmo 23:3, que hace referencia a esta verdad, termina aclarando que Su dirección para nosotros no contempla precisamente nuestra complacencia, sino que Él nos guiará "por amor de Su nombre". Con esta breve pero fundamental acotación, el salmista nos recuerda que el Señor nos da esa dirección, ante todo, para asegurar que nuestra vida le dé gloria a Su nombre. Y, ¿quién que sea un verdadero discípulo se ofendería porque los caminos y escenarios que Jesús determine para nuestro andar apunten a dar honor a Su nombre antes que a ser sencillos o cómodos para nosotros?

Jesús se ofreció por nosotros en la cruz para reconciliarnos con el Padre y, ciertamente, al morir nos benefició, permitiéndonos tener la vida eterna asegurada por creer en Él. Pero no olvidemos que, ante todo, Jesús murió porque estaba complaciendo a Su Padre. Jesús sabía que el Padre deseaba reconciliar al mundo con Él (ver 2 Corintios 5:19), y por eso se ofreció voluntariamente como mediador (ver 1 Juan 2:2), siendo obediente hasta la muerte de cruz (ver Filipenses 2:8). Luego el Padre lo exaltó, dándole honor y un nombre que es sobre todo nombre (ver Filipenses 2:9-11). Así, Jesús es el "Hombre modelo" de lo que es ser un verdadero discípulo. No es tan solo un Maestro que busca que lo sigamos exigiendo que lo hagamos con Sus formas y métodos. Él mismo modeló que aquel que quiere ser un discípulo debe vivir buscando satisfacer el corazón del Padre. Por lo tanto, de ninguna manera podemos darnos el permiso de aceptar que exista un grupo de *Discípulos VIP*, que escuchan Su voz pero que tienen un trato preferencial, con derecho a elegir del menú y despreciar aquello que no se ajuste a sus antojos. Tampoco podemos promover que existan *Discípulos-Socios*, que quieran sentarse a la mesa con el Maestro para escuchar Sus proyectos y debatirlos, e incluso hacer contrapropuestas para lograr un mejor plan acorde a sus proyecciones personales, con el fin de obtener ventajas a cambio de inversiones.

JESÚS EL SEÑOR NO NECESITA NUESTRAS PROPUESTAS PARA MEJORAR SU VOLUNTAD EN NUESTRAS VIDAS. ÉL SABE LO QUE HACE.

Jesús el Señor no necesita nuestras propuestas para mejorar Su voluntad en nuestras vidas. Él sabe lo que hace. Quienes hemos puesto a Jesús como preeminencia en nuestras vidas, quienes lo hemos aceptado como nuestro Señor, sabemos que una relación sincera con Él consiste en escucharlo y en obedecer la perfección de Sus caminos. Y por si alguno de nosotros lo ha olvidado, Su voluntad siempre es buena, agradable y perfecta.

Capítulo III:
Juan el apóstol y el modelo del discípulo

1. ¿Cómo puedes experimentar más profundamente el amor y la verdad que provienen de Jesús?

2. ¿Qué significa para ti ser amigo de Jesús según Juan 15:14-15?

3. ¿Cómo puedes evitar caer en las enseñanzas de falsos maestros que distorsionan el evangelio?

4. ¿Qué pasos puedes tomar para depender más del Espíritu Santo en tu vida diaria?

5. ¿Cómo puedes vivir una vida que glorifique a Jesús en lugar de buscar tus propios intereses?

CAPÍTULO IV

Bifurcaciones

Quisiera comenzar este capítulo haciendo un breve hincapié en algunas verdades que para este momento espero haber dejado ya bien cimentadas, como modo de colaborar en el fortalecimiento de cualquier creyente que esté leyendo este libro y que tenga en su corazón el anhelo de dar los pasos decisivos para convertirse en un discípulo de Cristo. También, como expresé al inicio, lo hago como modo de colaborar con la tarea de aquellos pastores que estén deseando formar en su congregación discípulos verdaderos, y no tan solo creyentes.

Primero, quiero recordar que la fuente del gozo del corazón de un discípulo es hacer la voluntad de Dios (ver Salmo 40:8). Esto es lo que oraba Epafras: que quienes hemos nacido de nuevo estemos "firmes, perfectos y completamente seguros en toda la voluntad de Dios" (Colosenses 4:12b, NBLA).

Segundo, hemos visto que si queremos seguir Su voluntad nos abstendremos de alimentar el ego de los logros que obtenemos por nuestra propia cuenta, y de buscar vivir la vida cristiana de forma que prioricemos nuestra satisfacción por sobre los caminos de Dios y por sobre Jesús, que es el camino.

SI QUEREMOS SEGUIR SU VOLUNTAD NOS ABSTENDREMOS DE ALIMENTAR EL EGO DE LOS LOGROS QUE OBTENEMOS POR NUESTRA PROPIA CUENTA.

Tercero y último, debemos recordar que muchas veces un creyente se siente discípulo pero no lo es, porque le da demasiado valor e importancia a sus "capacidades de éxito" (ya sean personales, empresariales, o ministeriales), a sus planes de vida, e incluso a sus propias opiniones bíblicas y eclesiásticas. Este creyente no logra ser un discípulo porque, al darse a sí mismo más valor del que debería, le corta a la cruz y, al hacer eso, se opone a Aquel que cree estar sirviendo y agradando, incluso aunque a los ojos de otras personas ese aparente servicio parezca genuino.

Quisiera dedicar el presente capítulo a las bifurcaciones en el camino, es decir, a las sendas que el creyente elige vs. las sendas que el discípulo elige.

Comenzaré con un tema que, al igual que el personaje de Epafras, frecuentemente está escondido u olvidado en el desarrollo de la Iglesia contemporánea y que, al no apreciarse debidamente, genera una fuga por demás trascendental. Una que es capaz de hundir la vida de cualquiera, si no se atiende a tiempo. Hablo de la sabiduría...

Necedad vs. sabiduría

En Lucas 12:16-20, Jesús cuenta ante la multitud una de aquellas famosas historias que solía narrar para que quienes lo seguían "aunque miren, no vean; y aunque escuchen, no entiendan" (ver Marcos 4:12, BLPH). Esos mensajes eran un código encriptado fácil de discernir para el corazón humilde, pero infranqueable para la mente testaruda y orgullosa.

En aquella ocasión comenzó su narración hablando de un hombre rico que, con mérito en su diligencia, aumentó sus bienes extraordinariamente, a grado tal que le era necesario derribar sus anteriores graneros y edificar nuevos para almacenar su extravagante producción, la cual le permitiría dedicarse por una larga temporada a descansar, comer, beber y divertirse sin ninguna preocupación. Al narrar esta historia, Jesús no reprobó las capacidades empresariales y visionarias de este hombre, pero sí su falta de consciencia sobre Dios como su fuente de provisión. Por lo tanto, aun siendo lo que hoy llamaríamos "un empresario modelo", el Señor lo llamó necio:

"Pero Dios le dijo: «¡Necio! Vas a morir esta misma noche. ¿Y quién se quedará con todo aquello por lo que has trabajado?»" (Lucas 12:20).

Con esta historia, Jesús estaba intentando enseñarles con un ejemplo lo que les había dicho unos versículos más atrás:

"Y luego dijo: «¡Tengan cuidado con toda clase de avaricia! La vida no se mide por cuánto tienen»" (Lucas 12:15).

En el panorama bíblico, 'necio' es una persona que rechaza la sabiduría divina y, por lo tanto, rechaza a Dios mismo:

"Solo los necios dicen en su corazón: «No hay Dios». Ellos son corruptos y sus acciones son malas; ¡no hay ni uno solo que haga lo bueno!" (Salmos 14:1).

Sin embargo, el siguiente versículo debería darnos ánimo, ya que la Escritura afirma que Dios desde el cielo busca entre toda la humanidad quién de entre los hombres vivirá en sabiduría:

UN SABIO ES QUIEN CONSIDERA AL SEÑOR EN TODOS SUS CAMINOS. ESTO ES PARTE DE LA ESENCIA DE SER UN DISCÍPULO.

"El SEÑOR mira desde los cielos a toda la raza humana; observa para ver si hay alguien realmente sabio, si alguien busca a Dios" (Salmos 14:2).

Si un necio es quien rechaza la sabiduría que viene del Señor, entonces un sabio es quien considera al Señor en todos sus caminos. Esto es parte de la esencia de ser un discípulo. Ya hemos dicho que un discípulo renuncia a diseñar su propio camino, y ahora podemos agregar que un discípulo busca la sabiduría de Dios constantemente, en todas sus sendas. Es decir, un discípulo busca obedecer y agradar a Dios en todos los aspectos de su vida, no solo en los que parecieran ser "espirituales" o "eclesiásticos".

Es vital que como discípulos verdaderos permanezcamos conscientes de la presencia de Dios y de Su favor en cada paso y acción, incluso en nuestro empleo y en nuestros proyectos familiares, empresariales, financieros y ministeriales. Recordemos la parábola del hombre rico: su necedad no consistía en haber conseguido mucho, sino en no considerar a Dios en su día a día y en sus planes futuros.

MUCHOS CREYENTES PODRÁN PASAR A SER DISCÍPULOS DE JESÚS SI TAN SOLO RENUNCIARAN A SER "SABIOS EN SU PROPIA OPINIÓN"

El exitoso empresario al que Jesús llamó "necio" fracasó porque eligió el orgullo y la avaricia. Es evidente que estos fueron el motor de su corazón, y lograron sumergirlo en el engaño de las riquezas y la vanagloria de la vida que, desde luego, no provienen del Padre.

Muchos creyentes podrán pasar a ser discípulos de Jesús si tan solo renunciaran a ser "sabios en su propia opinión", para dar espacio al Espíritu Santo y a la Santa Palabra de Dios, la cual nos asegura la satisfacción y el gozo de permanecer unidos a Cristo.

Es obligación de un discípulo hacer que su corazón encuentre la plena satisfacción en ser un seguidor del corazón del Padre, en ser quien pone delante del Señor sus opciones de vida, la manera en la que vive en familia, el empleo que tiene, el servicio que quiere ejercer para Dios y todos sus planes, incluso los que tienen que ver con proyectos de ensanchamiento en cualquiera de estas áreas.

Quien es discípulo comprende en su interior, con absoluta humildad, que Dios no está obligado a bendecirlo ni a respaldar cada decisión que él tome. El poder del Padre no está a disposición para que lo usemos en lo que nos plazca. Y esto, no porque Dios sea egoísta, sino porque Él es la sabiduría en persona. En Su amor, Él desea interactuar con nosotros de manera que podamos conocer Su corazón, y que, con sabiduría, busquemos cumplir Sus deseos y no los nuestros, Sus planes y no los nuestros.

> *"Pon todo lo que hagas en manos del Señor, y tus planes tendrán éxito" (Proverbios 16:3).*

Dios jamás tendría celos de nuestro éxito. ¡Él es Dios! Él no necesita ni está interesado en competir contra nuestras hazañas. Tampoco observa tiránicamente desde el cielo cualquier plan humano para echarlo por tierra. Él bendice a quien obra con sabiduría, y deja que las consecuencias tomen su curso en el caso del corazón necio. De manera que la elección es nuestra. El trasfondo de la necedad es el orgullo y la ignorancia. El que solo es creyente elegirá siempre la necedad, porque no conoce al Señor, porque desconfía de Él, o porque cree que en sí mismo radica toda la sapiencia, el poder, la fortaleza y los recursos necesarios para llevar a cabo sus propios planes. El discípulo, en cambio, elegirá la sabiduría.

HAY MILLONES DE PERSONAS EN EL MUNDO QUE HAN CREÍDO EN JESÚS DE TODO CORAZÓN, PERO NO TODOS ESOS MILLONES HAN SIDO O SERÁN CAPACES DE PROFUNDIZAR SU RELACIÓN CON ÉL.

Autosuficiencia vs. dependencia

Hay una pregunta que debemos plantearnos: ¿por qué no todos los que emprenden el camino tras las pisadas de Jesús llegan a ser Sus discípulos? A la fecha seguramente hay millones de personas en el mundo que han creído en Jesús de todo corazón, pero no todos esos millones han sido o serán capaces de profundizar su relación con Él. ¿Por qué sucede esto?

Bueno, no es un secreto el hecho de que muchos creyentes fracasan en su intento de caminar como verdaderos discípulos, y yo estoy convencido de que la raíz de esa imposibilidad no es otra cosa que la ignorancia. Pero no me refiero aquí a la falta de preparación académica o teológica (aunque, ¡cuánto bien nos haría desarrollarnos más en ello!). A lo que me refiero con ignorancia es a basar nuestro conocimiento y nuestra percepción de la verdad a partir de parámetros netamente humanos, en lugar de hacerlo conforme a lo que Dios dice en su Palabra y con la ayuda del Espíritu Santo.

Intentar ser un verdadero discípulo de Jesús resultará en un rotundo fracaso si pretendemos desarrollar una comunión con Él de manera autosuficiente, sin echar mano de la obra sobrenatural del Espíritu Santo, tan profundamente necesaria para lograr seguir las pisadas del Maestro cada día y asemejarnos cada vez más a Él. Puede que nuestras intenciones sean sinceras, pero si nuestros esfuerzos parten de la ignorancia, de una visión nublada a las verdades espirituales, entonces seremos incapaces de lograrlo. Y otra vez aquí, en esta autosuficiencia, se juntan ignorancia y orgullo, porque es orgullo pensar que solamente con aplicar esa fuerza de voluntad que usamos para obtener nuestros logros académicos, o para mejorar nuestra salud, tan solo con esa fuerza de voluntad, lograremos pasar de ser creyentes a discípulos verdaderos. ¡Por supuesto que no!

Ya hemos comentado en el caso de la parábola, cómo Jesús enseña implícitamente que es posible tener éxito sin estar unido a Él. De hecho, esa es la batalla de rebeldía permanente en el corazón de aquellos que menosprecian seguir a Jesús. Tienen riquezas y éxito conforme a este mundo, adquieren posesiones y una buena fama, y avanzan en sus planes sin vivir en dependencia del Señor. Si consideran que lo tienen todo, ¿para qué molestarse en buscar a Jesús? Si la vida va estupendamente bien a sus ojos, ¿para qué preguntar cuál es el camino correcto? Obtienen tanta dicha y placer al contemplar sus propias obras y logros, que pensar en depender de alguien o en sujetarse a alguien les parece debilidad. Considerarían tonto el doblegar su voluntad, siendo que sus propias elecciones los han llevado al pináculo desde donde ahora ven el mundo a sus pies.

> *"Los reyes de la tierra se preparan para la batalla; los gobernantes conspiran juntos en contra del Señor y en contra de su ungido. «¡Rompamos las cadenas! —gritan, ¡y liberémonos de ser esclavos de Dios!»" (Salmos 2:2-3).*

Un creyente se queda siendo solo creyente y deja escapar la posibilidad de ser un discípulo verdadero cuando abraza la autosuficiencia. Y sí, aunque a primera vista parezca extraño, ¡es posible ser creyente y huir de ser sumiso delante de Dios! Para ser creyente no hace falta más que "confesar", "declarar", y "creer". Al no haber un compromiso real, el creyente comulga cuando "lo siente", y si no tiene ese "sentir" no cederá ninguna de las áreas de su vida ante el Señor.

Dicho de otro modo, nos rehusamos a ser discípulos cuando decidimos aferrarnos a nuestras propias formas de pensar y vivir, las cuales no corresponden a una mente renovada. Esta discreta rebeldía nos deja en la comodidad de no ser tomados por impíos. Lucimos bien, porque creemos en Jesús, y con eso ya ganamos el tener "buen nombre" a los ojos de los demás. Pero en el fondo de nuestro corazón, al igual que los reyes de Salmos 2, estamos conspirando contra el Señor, porque queremos "librarnos" de que Él sea Rey sobre nuestras vidas. Nos ha ido tan bien siguiendo nuestras propias ideas, que someter nuestra voluntad a Jesús es algo que no estamos dispuestos a hacer.

Quien así vive no puede ser nunca un discípulo, pues no ve a Jesús como superior, sino como un igual. Esto es ignorancia pura, orgullo y autosuficiencia, y por eso esta es la senda que elige el creyente, no el discípulo. El discípulo, por el contrario, elige el camino de la dependencia.

A JESÚS NO SE LE PUEDE SEGUIR SIN TOMAR LA CRUZ DIARIAMENTE, Y ELEGIR ESA SENDA (Y PERMANECER EN ELLA) RESULTA IMPOSIBLE A MENOS QUE LO HAGAMOS CON LA AYUDA DEL ESPÍRITU SANTO.

Como ya vimos más arriba, el que es autosuficiente cree que lo único que necesita para avanzar espiritualmente es disciplina, o eso que llamamos "fuerza de voluntad", la misma fuerza que requieren los asuntos naturales de la vida. Pero no podemos pensar que ese tipo de fuerza es la que también nos llevará a ser discípulos apasionados, fieles seguidores de Jesús y obedientes a Su voz, pues para ello es preciso elegir el camino de la dependencia. Si fuera necesaria solo la fuerza de voluntad, ¿por qué en todas las iglesias alrededor del mundo, incluyendo desde luego la que yo pastoreo, encontramos miles de personas que han creído en Jesús para salvación, que acuden a congregarse con un corazón sincero, que han logrado metas como terminar un estudio sistemático en la universidad o en un instituto bíblico, muchos de ellos prominentes en el desarrollo de su profesión u oficio, pero que igual, con todo esto, no logran pensar cómo Jesús ni actuar como Jesús? ¿Por qué en lo que respecta a su fe estas personas siguen estancados en vidas superficiales, derrotadas por el pecado, y en muchos casos llevando una doble vida "maquillada" de piedad? ¿Por qué no pueden vivir vidas victoriosas en la fe, vidas que den testimonio de una real y completa conversión a Cristo?

La respuesta a estas preguntas es indudable: es porque han omitido (¿o tal vez los pastores lo hemos omitido en nuestras enseñanzas?) el tener en cuenta la necesidad de vivir conectados con el Espíritu Santo, que de manera sobrenatural nos abastece de gracia día a día para que podamos tomar nuestra cruz y seguir a Jesús. Porque es así. A Jesús no se le puede seguir sin tomar la cruz diariamente, y elegir esa senda (y permanecer en ella) resulta imposible a menos que lo hagamos con la ayuda del Espíritu Santo.

JESÚS DIJO: "SI ALGUNO DE USTEDES QUIERE SER MI SEGUIDOR...". LA VERDAD ES QUE NO TODOS QUEREMOS. Y TAL VEZ MUCHOS QUEREMOS, PERO NO ESTAMOS DISPUESTOS A PAGAR EL PRECIO.

En Mateo 16:24 Jesús nos dejó una enseñanza sobre lo que implica ser discípulos que sigue siendo plenamente válida hasta esta generación:

> *"Si alguno de ustedes quiere ser mi seguidor, tiene que abandonar su propia manera de vivir, tomar su cruz y seguirme".*

Con estas palabras, el Maestro señaló una bifurcación. Jesús dijo: "Si alguno de ustedes quiere ser mi seguidor…". La verdad es que no todos queremos. Y tal vez muchos queremos, pero no estamos dispuestos a pagar el precio. Éste es uno de los puntos en los que se dividen los creyentes de los discípulos.

El apóstol Pablo nos describe su propia decisión, y cómo eligió la senda de la vida discipular:

> *"Mi antiguo yo ha sido crucificado con Cristo. Ya no vivo yo, sino que Cristo vive en mí. Así que vivo en este cuerpo terrenal confiando en el Hijo de Dios, quien me amó y se entregó a sí mismo por mí" (Gálatas 2:20).*

Para el corazón que decide abrazar su propio reino, lo más sencillo es afirmar que el apóstol Pablo tomó esa decisión porque "tenía un llamado especial". Sin embargo, la opción que él tomó también está abierta para nosotros. La pregunta es si seguiremos intentado "vivir espiritualmente" basándonos solo en nuestras buenas intenciones, llegando hasta donde la autodisciplina nos ayude, e ignorando la gracia y fortaleza que hay en el Espíritu, o si elegiremos el camino del verdadero discipulado, sujetando cada área de nuestras vidas al reinado de Dios, y dependiendo de la ayuda irremplazable del Espíritu Santo para ser cada día más parecidos a Jesús, nuestro Maestro.

Lo cierto es que si no perseguimos deliberada y apasionadamente el ser cada día más como Jesús, entonces nos estancaremos en el nivel de mantener algunos tintes de vida moral, cosa que hasta los que no han nacido de nuevo pueden lograr con su fuerza de voluntad. El mismo Jesús nos dice que no es nada extraordinario hacer cosas buenas, pues muchas de ellas son relativamente fáciles de poner en práctica aun para aquellos que no le siguen:

> *"Si solo amas a quienes te aman, ¿qué recompensa hay por eso? <u>Hasta los corruptos cobradores de impuestos hacen lo mismo. Si eres amable solo con tus amigos, ¿en qué te diferencias de cualquier otro? Hasta los paganos hacen lo mismo</u>" (Mateo 5:46-47. Subrayado del autor).*

De ahí que es un engaño el pensar que ser buenos discípulos se trata solamente de lograr una serie de buenas obras, portarse bien para recibir la aprobación de los demás o sencillamente para evitar ser juzgados por otros cristianos. Otra cara de esta pretensión de ser discípulos sin serlo en realidad, es limitarse a no hacer nada que derive en una maldición o castigo Dios. Evidentemente, esta será una vida infructuosa que estará siempre a la defensiva, ya que su objetivo será no echarse encima ninguna consecuencia que le afecte. Dicho de otro modo, las "buenas acciones" de esta persona provendrán del miedo y de amarse a sí mismo más de la cuenta.

En ninguno de los casos anteriores la meta de vida es buscar la gloria de Dios, sino meramente cuidar las apariencias y evitar los castigos. Ésta es la senda que elige el que solamente es un creyente (que muchas veces busca beneficiarse de llevar el nombre de discípulo sin serlo). No se fija una meta más alta que "ser buena persona", porque para lograr esto solo hace falta disciplina mental y algo de ascetismo, sin necesidad de involucrar el poder sobrenatural del Espíritu Santo.

Por el contrario, el verdadero discípulo se ha trazado una meta más alta, la cual le será imposible alcanzar en sus propias fuerzas. Habiendo elegido esta meta, la fuerza de voluntad no servirá más que como un pequeño impulso, pero el verdadero discípulo sabe que para alcanzarla contará con la guía y la ayuda del Espíritu Santo. Su vida ahora se centra en darle gloria al nombre de Cristo, y por eso ya no se enfoca en planear nuevos logros personales, sino en pensar su caminar a la luz de la Palabra. Así, el verdadero discípulo busca cada día decidir con sabiduría qué rumbo tomar, y qué cosas afianzar y cuáles desechar, para no llevar cargas innecesarias ni nada que le impida tomar su cruz, rendir por completo su corazón, y caminar cada paso con Jesús.

Capítulo IV: Bifurcaciones

1. ¿Qué decisiones en tu vida reflejan sabiduría divina en lugar de necedad?

2. ¿Cómo puedes depender más de Dios y menos de tu autosuficiencia?

3. ¿Qué áreas de tu vida necesitan alinearse con la voluntad de Dios en lugar de tus propios planes?

4. ¿Cómo puedes tomar tu cruz diariamente y seguir a Jesús con fidelidad?

5. ¿Qué pasos concretos puedes tomar para evitar mirar atrás y avanzar en tu discipulado?

CAPÍTULO V

El milagro que ocurre dentro del discípulo

Ya hemos visto que un verdadero discípulo se distingue de un simple creyente en que asume como algo indispensable la ayuda sobrenatural del Espíritu Santo en su caminar. Quisiera ahora ser intencionalmente minucioso al expresar que yo creo firmemente en la vigencia del poder, de los dones y del fruto del Espíritu Santo de Dios, en pleno acuerdo con lo que las Escrituras nos enseñan. Sé que si Dios es Uno, y si Dios es el mismo ayer, hoy y por los siglos (ver Hebreos 13:8), entonces la obra del Espíritu Santo continúa con plena vigencia en todo lo que la Biblia nos enseña sobre Él.

Para el discípulo, esa fuerza y poder que hay en el Espíritu Santo se convierten en indispensables, dado que se encuentra librando una constante y feroz batalla: la predisposición que tiene el ser humano a satisfacer los placeres de la carne. Para el simple creyente es muy fácil darse por vencido, asumiendo que esos fuertes "hilos invisibles" que lo orillan hacia una conducta carnal son tan invisibles como invencibles.

UN VERDADERO DISCÍPULO SE DISTINGUE DE UN SIMPLE CREYENTE EN QUE ASUME COMO ALGO INDISPENSABLE LA AYUDA SOBRENATURAL DEL ESPÍRITU SANTO EN SU CAMINAR.

El problema es que en ocasiones, cuando olvida su dependencia total del Espíritu Santo, el discípulo puede llegar a hundirse parcialmente en la cárcel de la culpa y la condenación, frustrado y sabiéndose incapaz de amar y seguir a Jesús de la manera que Él es digno. Y es precisamente en este terreno pantanoso en donde muchos han perdido la batalla, y, lo digo con gran dolor, otros más la seguirán perdiendo.

En mi andar en el evangelio, no solo como pastor sino como discípulo, he visto cómo el desánimo en el corazón puede llegar a un grado tal, que es capaz de hacer que hombres y mujeres que en algún momento habrían dado sus vidas, sus fuerzas, sus mejores posesiones, aun su familia a favor del evangelio, en cierto punto abandonen el camino simplemente porque han intentado transitarlo con fuerzas propias. Y esto es porque, como vimos, el camino a veces tiene cuestas arriba que son imposibles de escalar solo con el impulso que brindan la fuerza humana y el anhelo del corazón. No juzgo a quienes se han dado por vencidos, pero me preocupa como pastor si esto habrá sido por falta de enseñanza sobre la importancia de tomar como imprescindible la comunión y unión diaria con el Espíritu Santo.

Por contraparte, el común denominador que hallo entre quienes se han sostenido hasta el fin, porque ya han partido con el Señor, y quienes siguen peleando la buena batalla (algunos ya en edades doradas), es que lo hacen experimentando el indescriptible gozo que hay en avanzar dejando de ser solo creyentes, y convirtiéndose en discípulos apasionados por el poder y la compañía del Espíritu Santo.

Cuando nos decidimos a depender completamente del Espíritu Santo, otros comienzan a ser testigos de los efectos de nuestra mente renovada y de nuestro corazón transformado. ¡Aleluya por esto! Hemos sobrepasado la antigua meta del creyente —querer ser juzgados como "limpios" ante los ojos de los demás—, y ahora nuestra alegría es que la gente a nuestro alrededor glorifique al Señor por causa de nuestra conducta. Comenzamos a parecernos más y más a Cristo, porque ya estamos navegando en el río del Espíritu. ¡Este es el milagro que no puede ser producido bajo la fuerza de nuestra voluntad natural! ¡Este es el andar sobrenatural, es la obra milagrosa procedente del Espíritu Santo que nos alcanza solo al unirnos a Él!

> *"Pero la persona que se une al Señor es un solo espíritu con él" (1 Corintios 6:17).*

Nuestra generación actual de Iglesia con frecuencia pierde de vista que lo sobrenatural no ocurre solo cuando hay una sanidad, o cuando la opresión se va, sino cuando un mortal, antes sujeto a sus deseos y pasiones, es puesto con pies firmes sobre la Roca. No me refiero a que se convierta de un instante a otro en alguien perfecto, sino a que se vaya transformando gradualmente en alguien sólido en el Señor. ¡Éste es el milagro que ocurre dentro del discípulo! Y lo digo otra vez: ¡Aleluya!

Confundir la fuerza de voluntad natural con la dependencia del Espíritu Santo podría costarnos un precio muy alto, tal como ocurrió en el caso de Sansón:

> *"Entonces ella [Dalila] gritó: «¡Sansón! ¡Los filisteos han venido a capturarte!». Cuando se despertó, pensó: «Haré como antes y enseguida me liberaré»; pero no se daba cuenta de que el Señor lo había abandonado. Así que los filisteos lo capturaron y le sacaron los ojos. Se lo llevaron a Gaza, donde lo ataron con cadenas de bronce y lo obligaron a moler grano en la prisión" (Jueces 16:20-21. Subrayado del autor).*

Sansón menospreció su comunión con el Espíritu Santo, y sufrió las consecuencias por tal descuido y fanfarronería. Él ignoró que la vida sobrenatural viene por una dulce comunión con el Espíritu, que si no se procura, puede llegar a diluirse. Se acostumbró a que el Espíritu de Dios lo usaba, y probablemente en algún momento llegó a sentir que él podía usarlo a conveniencia, ya que aparentemente bastaba con solo *desearlo* (la fuerza de la voluntad). En su desvío, Sansón creyó que el Espíritu habitaría su interior a pesar de sus volubles decisiones, y que derrocharía Su poder en ese corazón descuidado y guiado visceralmente por los placeres y comodidades del mundo. Tristemente, este suele ser el caso de aquellos que han perdido la pasión por una comunión viva con el Espíritu Santo.

Una nueva división entre creyente y discípulo

Un creyente puede vivir agradecido por la obra de Jesús en la cruz y por su salvación, pero solo el discípulo disfruta de las herencias que Cristo ha ganado para él, herencias que forman parte de la vida abundante que Dios planeó para nosotros.

EL CREYENTE SE TRANSFORMA EN DISCÍPULO CUANDO INCURSIONA EN LA COMUNIÓN PERMANENTE CON EL ESPÍRITU SANTO.

No estoy haciendo aquí una segmentación infundada y arbitraria, ya que la Escritura muestra que el creyente se transforma en discípulo cuando incursiona en la comunión permanente con el Espíritu Santo. Es a través de nuestro apego diario al Espíritu que Dios nos comunica lo que para otros, que no tienen una comunión cercana con Él, queda velado:

> *"«Cosas que ojo no vio, ni oído oyó, ni han entrado al corazón del hombre, son las cosas que Dios ha preparado para los que lo aman». Pero Dios nos las reveló por medio del Espíritu, porque el Espíritu todo lo escudriña, aun las profundidades de Dios" (1 Corintios 2:9-10, NBLA. Subrayado del autor).*

El creyente puede comprender cognitivamente que en Dios hay planes de bien y no de mal, pero el discípulo se mueve en el terreno del entendimiento por experiencia, y no solo por comprensión intelectual. Estoy seguro de que, como yo, tú también tienes hambre de abrazar todo lo que Dios ha preparado para ti, ¡y sé que lo recibirás si te atreves a seguirlo como un verdadero discípulo! Las herencias espirituales que Jesús ha ganado para nosotros no solo son cuadros de museo para ser admiradas, u objetos de estudio para realizar análisis teológicos, sino que *también* son herencias para ser vividas, experimentadas.

Me tomaré un momento aquí para enfatizar la palabra "también". No quisiera ser malinterpretado, como si estuviera afirmando que las herencias espirituales deben "sentirse" y no "comprenderse". Lo quiero afirmar es que las herencias espirituales deben admirarse, estudiarse, y valorarse a la luz de la Palabra, pero *también* disfrutarse, así como el hijo pródigo, que participó de la fiesta de su recibimiento: él degustó la comida, experimentó el calzado nuevo en sus pies, y seguramente agradeció por el nuevo aroma a limpio que ahora tenía su cuerpo. Él no teorizó, no especuló sobre qué significaría recibir la gracia del Padre, sino que la recibió y la vivió. De hecho, tal vez nunca terminó de comprenderla... ¡pero la experimentó en espíritu, alma y cuerpo!

SOMOS SEGUIDORES DE JESÚS CUANDO PERMANECEMOS EN UNA ALIANZA CON ÉL QUE INVOLUCRA DEJARNOS GUIAR POR EL ESPÍRITU.

No todo lo espiritual es cognoscible, pero no todo está alejado de nuestro alcance. ¡Podemos echar mano de nuestra herencia a través de la fe!

> *"Y nosotros hemos recibido el Espíritu de Dios (no el espíritu del mundo), de manera que podemos conocer las cosas maravillosas que Dios nos ha regalado" (1 Corintios 2:12).*

Es importante, entonces, que entendamos que somos seguidores de Jesús cuando permanecemos en una alianza con Él que involucra dejarnos guiar por el Espíritu. En oposición a aquellas ideas sin fundamento bíblico que alimentan la ignorancia en los creyentes, haciéndoles creer que el Espíritu hablará cosas místicas e impredecibles, Jesús nos enseñó lo siguiente:

> *"Aún tengo muchas cosas que decirles, pero ahora no las pueden soportar. Pero cuando Él, el Espíritu de verdad venga, los guiará a toda la verdad, porque <u>no hablará por Su propia</u>*

> *cuenta, sino que hablará todo lo que oiga, y les hará saberlo que habrá de venir. Él me glorificará, porque tomará de lo Mío y se lo hará saber a ustedes". (Juan 16:12-14, NBLA. Subrayado del autor).*

El Señor fue incluso más específico, y les aclaró a sus discípulos qué sería lo que el Espíritu hablaría:

> *"...el Consolador, el Espíritu Santo, a quien el Padre enviará en Mi nombre, Él les enseñará todas las cosas, y les recordará todo lo que les he dicho" (Juan 14:26, NBLA. Subrayado del autor).*

EL ESPÍRITU SANTO CAPACITA AL DISCÍPULO, LO POTENCIA, LO DIRIGE, LE HABLA Y LO INSTRUYE RECORDÁNDOLE LAS PALABRAS DE JESÚS.

Vemos, pues, cómo se teje el puente entre lo que hemos hablado en el capítulo anterior y en éste: es discípulo quien se rinde al señorío de Cristo, quien no elige navegar con un mapa propio. Y el Espíritu Santo capacita al discípulo, lo potencia, lo dirige, le habla y lo instruye recordándole las palabras de Jesús, el Maestro. Cosas antes escondidas a sus ojos y oídos humanos, ahora le son cercanas.

El discípulo valora esa pauta, aprecia la voz del Espíritu, porque aprecia la voz de Jesús. Y aprecia la voz del Espíritu porque es imposible seguir las pisadas de Jesús sin el poder que Él mismo nos ha dado por medio del Consolador.

De manera que no necesitamos aventurar interpretaciones sobre qué querría decir la Escritura. Lo tenemos claro en las palabras de Jesús mismo: los misterios que el Espíritu pueda hablarnos y enseñarnos siempre estarán en sintonía con las enseñanzas y dirección de nuestro Señor.

El Señor dijo:

> *"Si ustedes se mantienen unidos a mí, yo me mantendré unido a ustedes. Ya saben que una rama no puede producir uvas si no se mantiene unida a la planta. Del mismo modo, ustedes no podrán hacer nada si no se mantienen unidos a mí. El discípulo que se mantiene unido a mí, y con quien yo me mantengo unido, es como una rama que da mucho fruto; pero si uno de ustedes se separa de mí, no podrá hacer nada". (Juan 15:4-5, TLA. Subrayado del autor).*

También leemos lo siguiente:

> *"Entonces Jesús decía a los judíos que habían creído en Él: Si ustedes permanecen en Mi palabra, verdaderamente son Mis discípulos". (Juan 8:31, NBLA).*

ES IMPOSIBLE SEGUIR LAS PISADAS DE JESÚS SIN EL PODER QUE ÉL MISMO NOS HA DADO POR MEDIO DEL CONSOLADOR.

Con todo lo que hemos hablado hasta aquí, ya podemos coincidir en que sería un autoengaño si pretendiéramos ser discípulos sin una comunión viva en tres direcciones:

- Con Jesús
- Con Su Palabra
- Con Su Espíritu

Será la intimidad con Su Palabra la que nos llevará a la comunión con Cristo y con Su Espíritu. Será el Espíritu quien nos recuerde las palabras del Maestro y las haga vivas en nuestro corazón. Y será Jesús, nuestro Señor, quien nos dará el ejemplo y nos impulsará a andar como Él anduvo en el poder del Espíritu Santo. Un aprendiz no va detrás de su maestro para conseguir únicamente información, o sensaciones agradables, sino para ser conformado a la imagen de aquel a quien ha decidido seguir. De la misma manera, esta comunión tridireccional es la clave que llevará al discípulo a parecerse más y más a su Maestro cada día.

Capítulo V:
El milagro que ocurre dentro del discípulo

1. ¿Cómo puedes fortalecer tu comunión diaria con el Espíritu Santo?

2. ¿Qué áreas de tu vida necesitan ser transformadas por el poder del Espíritu Santo?

3. ¿Cómo puedes evitar depender únicamente de tu fuerza de voluntad en tu caminar con Cristo?

4. ¿Qué significa para ti ser una rama que da fruto al permanecer en la vid verdadera, Jesús?

5. ¿Cómo puedes experimentar más plenamente el gozo de ser transformado por el Espíritu Santo?

CAPÍTULO VI

Arraigados en Jesús

Al finalizar el capítulo anterior compartí unas palabras de Jesús que conviene mucho que recupere aquí:

> *"Si ustedes se mantienen unidos a mí, yo me mantendré unido a ustedes. Ya saben que una rama no puede producir uvas si no se mantiene unida a la planta. Del mismo modo, ustedes no podrán hacer nada si no se mantienen unidos a mí. El discípulo que se mantiene unido a mí, y con quien yo me mantengo unido, es como una rama que da mucho fruto; pero si uno de ustedes se separa de mí, no podrá hacer nada" (Juan 15:4-5, TLA. Subrayado del autor).*

El apóstol Juan, quien habría estado en primera fila escuchando esas palabras cuando fueron pronunciadas por Jesús, reparó con el paso del tiempo en esa verdad. Sabemos que así fue porque cuando escribió su primera carta utilizó palabras semejantes, buscando compartir el mismo mensaje central que el Maestro les había transmitido en aquel entonces a los doce. Podemos ver también que su corazón latía con fuerza al intentar hacer comprensible esta verdad a las futuras generaciones, pues él sabía lo crucial que resulta el vivir arraigados en el Señor.

EL CREYENTE ESTÁ CONFORME CON RECIBIR LA SALVACIÓN Y SE QUEDA EN ESE NIVEL, PERO NO SE ATREVE A ECHAR RAÍCES PROFUNDAS EN SU RELACIÓN CON EL SEÑOR. DE AHÍ SU FRAGILIDAD E INESTABILIDAD.

El discípulo de Cristo es, en palabras de Jesús mismo, una rama de uvas que da fruto, pero no por su propia potencia o capacidad, sino por la unión que tiene con la vid. Como ya hemos visto, el creyente está conforme con recibir la salvación y se queda en ese nivel, pero no se atreve a echar raíces profundas en su relación con el Señor. De ahí su fragilidad e inestabilidad.

El apóstol Juan escribió sus cartas a una edad avanzada. Por eso es que me animo a decir que este mensaje lo dejó a las siguientes generaciones, luego de haberlo vivido él mismo de manera personal durante décadas. Su comunión con el Señor no se limitó a tres años de vida discipular, sino que le fue fiel hasta la muerte. Juan se mantuvo firme aun cuando su vida corrió peligro, aun cuando su fidelidad al Maestro le valió ser desterrado y condenado a morir solo y anciano en una isla. Y ese hombre, experimentado en ser un discípulo, fue quien escribió:

> *"En cuanto a ustedes, <u>que permanezca</u> en ustedes lo que oyeron desde el principio. Si en ustedes <u>permanece</u> lo que oyeron desde el principio, <u>ustedes también permanecerán en el Hijo y en el Padre"</u> (1 Juan 2:24, NBLA. Subrayado del autor).*

Por su parte, el apóstol Pablo también nos exhorta:

> *"Por lo tanto, de la manera que recibieron a Cristo Jesús como Señor, ahora deben seguir sus pasos. <u>Arráiguense profundamente en él y edifiquen toda la vida sobre él</u>. Entonces la fe de ustedes se fortalecerá en la verdad que se les enseñó, y rebosarán de gratitud" (Colosenses 2:6-7. Subrayado del autor).*

NO HAY POSIBILIDAD ALGUNA DE SEGUIR A JESÚS SI NO ES ARRAIGÁNDONOS EN ÉL.

Aquí Pablo deja ver que existe un nivel distinto entre el creyente y el discípulo, y es que primero se recibe a Cristo, y luego el que quiere ser discípulo debe seguir los pasos de su Maestro. ¿Y cómo hace esto? Arraigándose profundamente en Él.

Vemos entonces que tanto Pablo como Juan encuentran que no hay posibilidad alguna de seguir a Jesús si no es arraigándonos en Él. Pensando en nuestras iglesias de hoy en día, esto quiere decir que toda actividad o plan eclesiástico resultará incompleto e insuficiente si no tiene como claro objetivo que el corazón de cada creyente se arraigue con firmeza en Jesús para que pueda llegar, así, a ser un discípulo verdadero.

La importancia del arraigo

La infidelidad, en cualquier esfera, nace de no haber valorado lo suficiente el arraigo. Tristemente, nunca en la historia de la humanidad ha habido tanta volatilidad y tanto menosprecio por el arraigo como en la época actual, en la que es considerado como algo innecesario y obsoleto. Hemos normalizado el ponerle fecha de caducidad a cosas que deberían ser permanentes. Y en nombre de la "tolerancia" se permite todo tipo de licencias que excusen la falta de firmeza en el corazón. Matrimonios se disuelven, negociaciones se rompen, sociedades se derrumban, y congregantes recorren en poco tiempo varias iglesias considerándolas cada vez "su nueva casa" con una evidente frivolidad. Todas estas situaciones son el resultado de huirle al compromiso. De evitar el arraigo.

En las personas existe una baja determinación a permanecer y arraigarse, porque muchas veces se considera el compromiso como una forma de control, y no como la santa manera de garantizar frutos saludables y un legado fiel. Tomando como referencia la institución del matrimonio, estoy convencido de que el sostenimiento del pacto es directamente proporcional a la cultura y al entendimiento que desarrollaron los cónyuges en su entorno familiar previo a las nupcias, y también a la práctica seria de la renovación de su mente por la Palabra en lo que tiene que ver con el arraigo y la permanencia. ¿Por qué existe un alto índice de divorcios entre los que son creyentes? ¿Por qué muchos que asisten a la iglesia no consideran ofensivo y odioso el divorcio, sino que, por el contrario, en el fondo de sus corazones lo mantienen sobre la mesa como una posibilidad, como una vía de escape si las cosas llegaran a no funcionar?

Paralelamente, en nuestras sociedades se observa un crecimiento importante en el número de personas que consideran que las nupcias no son tan necesarias para vivir en plena felicidad con la persona amada. Estas personas juzgan como obsoleta y arcaica la idea de un pacto, prefiriendo la unión por contrato, y eligen por supuesto consejeros y amigos que comulguen con su cosmovisión y que vivan en formas parecidas.

VIVIR COMPROMETIDOS, QUE ES SINÓNIMO DE ARRAIGO, CONSTITUYE UNA DE LAS CLAVES FUNDAMENTALES PARA SER VERDADEROS DISCÍPULOS DE JESÚS, FIRMES, MADUROS Y COMPLETOS.

El origen de todo esto es que Satanás ha logrado engañarnos, reduciendo cualquier forma saludable de arraigo al terreno de lo subjetivo, como si fuera "cuestión de cada quién", lo cual por supuesto abre la puerta para cualquier tipo de justificación en la línea de "es que mi caso es diferente". Con esta mal llamada y mal interpretada "tolerancia", el enemigo de nuestras almas ha logrado que lo que debería ser fundamental e innegociable en nuestros corazones pase a ser cuestionable, elegible y eventualmente prescindible.

G. K. Chesterton (un apologista y escritor cristiano que vivió entre 1874 y 1936) dijo: "El problema del mundo moderno no es que la gente prueba muchas cosas, sino que no se compromete con nada". Dejar de lado la firmeza de lo estable y duradero es hoy algo cultural. Pareciera ser que esta generación tiene como objetivo re-construir y de-construir todo lo que llega a sus manos. Así, las personas de la sociedad posmoderna no tienen manera de atesorar el valor de lo duradero. Sin embargo, el Espíritu que inspiró las Escrituras nos enseña el valor de la permanencia.

Vivir comprometidos, que es sinónimo de arraigo, constituye una de las claves fundamentales para ser verdaderos discípulos de

Jesús, firmes, maduros y completos. ¡Atesoremos este concepto en nuestros corazones y mentes, porque el espíritu de nuestra época seguirá gritando lo contrario, y lo hará cada vez más fuerte! Esta es la difícil realidad que nos toca enfrentar en este siglo XXI. "Es necesario rehacer nuestro pensamiento", gritará. "Es el momento de volver a definir los conceptos de 'matrimonio', de 'hombre', de 'mujer', de 'pacto', e incluso de 'Iglesia'". Muchas personas en el mundo sucumbirán ante esta voz, pero ¡ay si algún día llegamos a creerla los cristianos también! Porque ese día cuestionaremos la validez y la vigencia de las Escrituras. Ese día desarraigaremos nuestro corazón de Cristo y, como consecuencia, haremos a un lado las palabras de Pablo, de Juan, y del mismísimo Jesús, nuestro Señor. Y entonces, lejos de la Vid, ¿qué podría esperarnos?

Querido hermano, querida hermana, permíteme animarte a permanecer arraigado al Señor, permíteme alentar el compromiso y la permanencia en tu corazón con el siguiente versículo:

> *"...la hierba se seca, y la flor se marchita, pero la palabra de nuestro Dios permanece para siempre" (Isaías 40:8).*

No me iré de tu lado

Entendemos ahora que para pisar el terreno de la madurez como cristianos hay que afincarse primero en el terreno del arraigo y de la permanencia, pero falta aclarar un detalle: para que dé fruto, esto debe hacerse por amor, nunca por obligación. El arraigo obligado no despide un aroma agradable al el Señor, y es, de hecho, el responsable de que las personas sean incapaces de distinguir entre una relación viva con el Espíritu Santo y una religiosidad capaz de secar cualquier manantial.

En la Ley mosaica había una cláusula que en determinado momento les otorgaba libertad a aquellos esclavos que habían servido a sus amos durante años (ver Deuteronomio 15:12-15). Estos esclavos eran personas que habían trabajado fielmente para sus amos, y si bien pudiéramos pensar que lo que todo esclavo anhelaría sería la libertad, algunos de ellos preferían quedarse el resto de sus vidas, por voluntad propia, como trabajadores, aunque de acuerdo con la Ley tuvieran ante sí la posibilidad marcharse.

EL AMOR VERDADERO ES LO QUE NOS HACE ECHAR RAÍCES EN LAS RELACIONES Y EN LOS PROYECTOS DEL REINO DE DIOS.

¿No es esto algo casi incomprensible? ¿Cuál podría ser el motor que provocara tan antinatural comportamiento en estos esclavos, que elegían el arraigo y la permanencia en la casa de sus amos, en lugar de la libertad para emprender una vida independiente? ¡Era el amor!

> *"Y sucederá que si él te dice: «No me iré de tu lado», porque te ama a ti y a tu casa, pues le va bien contigo, entonces tomarás una lezna y horadarás su oreja contra la puerta, y será tu siervo para siempre. Y lo mismo harás a tu sierva" (Deuteronomio 15:16-17, NBLA).*

El amor verdadero es lo que nos hace echar raíces en las relaciones y en los proyectos del Reino de Dios. Arranca de nuestro corazón el individualismo y a la anarquía, y nos hace negarnos a posibilidades que otros tomarían, e incluso a salidas favorables y sanas que nosotros mismos hubiéramos tomado en otro momento. El hombre y la mujer que se aman mutuamente, hubieran podido, antes del pacto matrimonial, elegir libremente profesiones, empleos, lugares de radicación, amistades, formas de pasar el tiempo y mucho más. Y ni siquiera estoy hablando de algo pecaminoso. Incluso pudieron haber sido cosas positivas. Pero quien entra al matrimonio con un amor sincero tomará a partir de ese momento todas sus decisiones pensando su cónyuge, por la única y poderosa razón del amor genuino.

Si el esclavo que toma la decisión de quedarse al lado de su amo lo hace por amor sincero, el caso del discípulo no debería ser distinto. Si nuestro arraigo en el Señor depende de obligaciones, exigencias, o roles ministeriales, ese arraigo no perdurará. Pero si nuestro corazón arde de amor, entonces ese amor nos sostendrá con las raíces anudadas siempre a la fuente de gracia y vida.

Permanecer en Cristo es una respuesta a Su amor

En 1 Juan 4:19 leemos:

> *"Nosotros lo amamos a Él, porque Él nos amó primero" (RVC).*

Claro que ese amor no fue expresado tan solo por medio de palabras tiernas. No es casualidad que el siguiente versículo sea probablemente el más memorizado en la Iglesia alrededor del mundo:

> *"Porque de tal manera amó Dios al mundo, que ha dado a su Hijo unigénito, para que todo aquel que en él cree no se pierda, sino que tenga vida eterna" (Juan 3:16, RVC).*

A la luz conjunta de ambos versículos, comprendemos que nosotros amamos al Señor porque nos ha cautivado la expresión suprema de Su amor derramado en la cruz que Él eligió. ¡Esta es la evidencia más clara de que el amor verdadero proviene siempre de la elección! Obrar por obligación cansa el alma y nubla el corazón, haciéndonos olvidar la motivación inicial, que era el amor. Del mismo modo, vivir la vida cristiana por obligación en lugar de tener el amor como fuente puede llevarnos a la rutina y alejarnos de un servicio respetuoso conforme agrada al Señor. Así, nos asemejaremos cada vez más a los sacerdotes a los que les habla Malaquías:

> *"Sacerdotes, nuestro poderoso Dios me manda a decirles a ustedes:*
>
> *«Los hijos respetan a sus padres, y los esclavos respetan a sus amos. ¡Pues yo soy su Padre y su Amo, y sin embargo ustedes los sacerdotes no me respetan! ¡Me tratan como si no valiera nada!»*
>
> *Ustedes los sacerdotes se defienden, y preguntan:*
>
> *«¿Por qué nos acusa Dios? ¿Cuándo le hemos faltado al respeto? ¿Cuándo lo hemos ofendido?»*
>
> *Pero el Dios todopoderoso les responde:*
>
> *«Me ofenden cuando desprecian mi altar, cuando me presentan como ofrenda animales impuros, que no valen nada porque están ciegos, cojos y enfermos. ¿No creen que eso está mal? Si esos mismos animales se los ofrecieran a su gobernador, ¡se ofendería y no los aceptaría!*
>
> *»¿Y después de presentarme esa clase de ofrendas, todavía esperan que yo los escuche y les tenga compasión? Pues yo soy el Dios todopoderoso y quiero que les quede claro lo siguiente: ¡Prefiero que se cierren las puertas de mi templo! Ya no me traigan esta clase de ofrendas, porque estoy muy molesto con ustedes y no se las voy a aceptar" (Malaquías 1:6-10, TLA).*

Estos sacerdotes no recibieron un reclamo por parte del Señor por haber abandonado sus tareas metódicas en los rituales. Podría decirse que ellos "cumplían con sus obligaciones". Recibieron un reclamo del Señor por causa de sus corazones, por la forma irreverente e insensible con la que llevaban adelante su tarea. Dios busca adoradores en espíritu y en verdad. Es decir, corazones que le sirvan y obedezcan fundamentados en el amor, y no en el deber. El amor siempre nos lleva a cumplir el deber, pero no siempre el deber se cumple por amor. La fe obra por el amor. La obligación nos cansa, pero el amor nos renueva.

Aquellos que hemos decidido seguir a Jesús procuramos apuntar a lo eterno, buscando por sobre todas las cosas la gloria de Dios, haciendo siempre Su voluntad, y siendo conscientes de que el amor nos llevará a hacer sacrificios cuando sea necesario. Es por esta razón que el hedonismo no es compatible con el corazón de un discípulo, porque el hedonismo, en esencia, persigue el placer por el placer como bien supremo. Además, se enfoca en evitar el dolor, y antepone la autorrealización a todo lo demás. Por eso es que tantas veces los creyentes se rehúsan a todo lo que implique sacrificio y compromiso. Para el mero creyente, el servicio ferviente a Dios le implicaría postergar placeres propios, lo cual considera una amenaza contra sus proyectos. Esto es así porque, si bien cree, no ama, y por lo tanto no puede valorar ni desear lo sacrificial.

UN CREYENTE PUEDE PASAR AÑOS DENTRO DE UNA CONGREGACIÓN, PERO ESO NO LO CONVERTIRÁ EN DISCÍPULO.

La importancia de la madurez

Es propio de los niños quererlo todo a todas horas: todos los juguetes, todos los pasteles, todo el día en la piscina, videojuegos sin fin, y mucho más. La tarea de los que somos padres es entrenarlos en el manejo de los límites, horarios, porciones, y consecuencias. En determinado momento, cuando un niño logra asimilar que no es factible ni benéfico tener todo lo que desea, aprende a elegir. Esto significa un avance, pero todavía puede ser gobernado en ocasiones por el impulso de conseguir lo que para él es el bien personal, aun por encima de nuestras instrucciones y advertencias. A veces, aún es egoísta.

Lamentablemente, la adultez no garantiza que aprendamos a desechar lo malo. Podemos ver esto en cientos de casos de hombres y mujeres con varias décadas de edad, pero que aún siguen comportándose como niños, dominados en su interior por una insaciable búsqueda de todo aquello que les dé placer.

Por eso es que no deseamos que nuestros hijos simplemente crezcan. Deseamos que nuestros hijos lleguen a ser adultos maduros. Porque solo la madurez conduce al sacrificio, y solo la madurez nos permite valorar los placeres y los límites, cada uno en su dimensión justa y saludable.

Un creyente puede pasar años dentro de una congregación, pero eso no lo convertirá en discípulo. El discípulo será quien tome la decisión de entrar en una nueva etapa de madurez, y por esta madurez, basado en el amor que Jesús le mostró en la cruz, sacrificará lo que sea necesario para agradar a su Señor.

Capítulo VI: Arraigados en Jesús

1. ¿Qué significa para ti estar arraigado profundamente en Jesús?

2. ¿Cómo puedes fortalecer tu compromiso con Cristo en medio de una cultura que valora lo temporal?

3. ¿Qué áreas de tu vida necesitan más permanencia y arraigo en la Palabra de Dios?

4. ¿Cómo puedes evitar caer en la rutina religiosa y mantener viva tu relación con Jesús?

5. ¿Qué pasos puedes tomar para vivir una vida de compromiso y fidelidad al Señor?

CAPÍTULO VII

La gran confusión

Existe en el corazón de muchas personas una confusión tan común, que me la he encontrado con frecuencia en la congregación que por gracia de Dios presido, así como en otras muy diversas. El problema al que me refiero consiste en que la gente suele confundir el sacrificio voluntario de entregarse a Jesús —junto con todos sus anhelos, deseos, posesiones; es decir, con toda su vida—, con el ser despojados por Dios (como si Él les arrancara las cosas en lugar de recibirlas como una ofrenda).

Evidentemente, vivir en esta confusión conduce a la gente a un serio problema en el proceso de llegar a ser discípulos verdaderos. Si cada vez que Jesús nos pide abandonar o aborrecer algo, interpretamos sus indicaciones como prohibiciones impuestas y caprichosas, estaremos en un serio riesgo de no entender jamás la esencia de lo que significa tomar la cruz cada día y seguirlo.

¿Por qué ocurre esto? Porque en nuestra errada percepción, en lugar de apreciar la invitación que hemos recibido a tomar solo aquello que el Señor juzga bueno darnos, consideramos que es más conveniente seguir nuestros propios planes, olvidando que el sacrificio al que nos invita nos acercará más a la gracia de vivir en la buena, agradable y perfecta voluntad del Señor.

Cuando esta confusión se asienta en el corazón del hombre, Jesús es visto como un ladrón de sueños, en lugar de ser bienvenido como el arquitecto de esa vida gloriosa a la que accederemos si perseveramos en nuestro caminar con Él.

Sacrificar aquello que Jesús nos pide que sacrifiquemos debería ser visto como un acto de sumo gozo y de alabanza al Señor, como una fiesta en la que quemamos aquello que estorba a lo que el Señor desea para nuestras vidas. No como un funeral para sepultar algo que en el fondo no queríamos perder.

Entiendo que esta idea resulte antinatural para tanta gente, y eso es porque la invitación no es para cualquier persona: solo los discípulos pueden participar de ella. Después de todo, es tan antinatural el deleite por negarnos a nosotros mismos como lo es el gozo al que somos llamados cuando atravesamos por diversas pruebas (ver Santiago 1:2). Son cosas que únicamente un discípulo puede entender.

Así, si alguien verdaderamente quiere ser un discípulo, es preciso que comprenda que ofrecer un sacrificio no equivale a asesinar sus propios anhelos. Tampoco es una obligación impuesta por la fuerza. Es el deseo cumplido de poder colaborar con el Señor en Su obra, persiguiendo Sus anhelos. Al entregar nuestra vida entera como sacrificio, perseguimos la meta más alta, que consiste en llegar a ser instrumentos de Su voluntad. El sacrificio es nuestra vida misma entregada con gratitud como una ofrenda voluntaria, sabiendo que resultará en gloria y alabanza para Dios.

SACRIFICAR AQUELLO QUE JESÚS NOS PIDE QUE SACRIFIQUEMOS DEBERÍA SER VISTO COMO UN ACTO DE SUMO GOZO Y DE ALABANZA AL SEÑOR.

Jesús dijo en Juan 10:18:

> *"<u>Nadie puede quitarme la vida sino que yo la entrego voluntariamente en sacrificio</u>. Pues tengo la autoridad para entregarla cuando quiera y también para volver a tomarla. Esto es lo que ordenó mi Padre" (Subrayado del autor).*

¡Jesús es el mejor ejemplo de lo que es ser un apasionado por la voluntad del Padre! Él nos recordó aquí que la clave para ser discípulos es obrar, no obligados ni por imposición, sino movidos por un anhelo profundo de agradar al Señor.

La formidable parábola de un solo versículo que quiero citar a continuación lo explica de una manera maravillosa:

"El reino del cielo es como un tesoro escondido que un hombre descubrió en un campo. En medio de su entusiasmo, lo escondió nuevamente y vendió todas sus posesiones a fin de juntar el dinero suficiente para comprar el campo" (Mateo 13:44).

¿Qué fue lo que provocó que el hombre de la historia vendiera todo lo que tenía? ¿No fue acaso el entendimiento de haber encontrado algo de un valor superior a todo aquello? Ahora, observemos un poco más el texto: ¿Cómo reaccionó este hombre cuando comprendió que no podía retener sus antiguas pertenencias si quería acceder a aquello nuevo que había encontrado? ¿Cuál fue su actitud al desvincularse de sus antiguas posesiones?

LOS DISCÍPULOS DEBEMOS SER SEGUIDORES QUE LO ENTREGAN TODO CON ALEGRÍA, PORQUE ESTÁN CONVENCIDOS DE QUE LO QUE GANAN ES MUCHO MÁS.

¡Así es! ¡La palabra que Jesús utilizó es 'alegría'! Este hombre sacrificó todo lo que tenía con alegría. No lo hizo obligado, ni refunfuñando, ni con dolor. ¡Lo hizo con alegría, porque sabía que lo que obtendría era muchísimo mejor!

De la misma manera, los discípulos debemos ser seguidores que lo entregan todo con alegría, porque están convencidos de que lo que ganan es mucho más.

La actitud opuesta a esta es la que vemos los fariseos, a quienes Jesús les dijo:

"¡Hipócritas! Isaías tenía razón cuando profetizó acerca de ustedes, porque escribió:

«Este pueblo me honra con sus labios, pero su corazón está lejos de mí»" (Marcos 7:6).

Los fariseos servían y predicaban, pero en sus corazones anhelaban la fama, el buen nombre, el ser reconocidos (ver Mateo 23:5-7). Ellos aparentaban llevar una vida sacrificial, pero por rigurosa que esta fuera, las intenciones de sus corazones no eran la adoración al Señor, sino el beneficio propio. Por el contrario, quienes hemos elegido ser discípulos no seguimos a Jesús para obtener a cambio algún tipo de beneficio personal, sino tan solo por la maravillosa recompensa de ser considerados instrumentos de Su voluntad.

Para decirlo más claro: intentar caminar con Jesús pero al mismo tiempo llevar un montón de caprichos en el corazón no resultará en la meta que deseas. Si estás esperando que después de un poco de tiempo de ir tras Sus pisadas lo veas darse la vuelta, mirarte a los ojos, y concederte todo lo que deseas en lo profundo de tu corazón, lamento ser tan honesto pero ¡eso nunca sucederá!

Seguir a Jesús requerirá de ti abandonar estilos de vida que hasta hoy disfrutabas, pero que no pueden convivir con Su Espíritu, actividades y actitudes que no pueden ser arrastradas por el camino, amistades e ideologías que no caben en Su senda. Él nunca nos mintió. Él dijo ser el Camino y la Puerta, pero también nos advirtió:

> *"Solo puedes entrar en el reino de Dios a través de la puerta angosta. La carretera al infierno es amplia y la puerta es ancha para los muchos que escogen ese camino. Sin embargo, la puerta de acceso a la vida es muy angosta y el camino es difícil, y son solo unos pocos los que alguna vez lo encuentran" (Mateo 7:13-14).*

El caso de los pescadores, el cobrador de impuestos y el padre de la fe

Jesús dijo:

> *"Si amas a tu padre o a tu madre más que a mí, no eres digno de ser mío; si amas a tu hijo o a tu hija más que a mí, no eres digno de ser mío" (Mateo 10:37).*

También, al dar promesas a Sus discípulos, mencionó la posibilidad de que algunos dejarían casas y tierras por causa de Él (ver Marcos 10:28-30).

Sabemos que Pedro, Andrés, Santiago y Juan eran pescadores, y dejaron sus redes y barcas (es decir, su oficio) para seguir a Jesús (ver Mateo 4:18-22). Mateo era un recaudador de impuestos y abandonó su puesto y sus riquezas para seguirlo también (ver Mateo 9:9).

En todos ellos, la decisión fue radical. Es verdad que Pedro titubeó un momento después de la muerte de Jesús, y pensó en volver a las redes, pero finalmente no lo hizo. Los discípulos de Jesús nos han marcado la pauta a seguir, porque son un ejemplo de decisiones tomadas y de sacrificios por los que no recibirían una retribución (al menos en los términos de este mundo).

Hoy en día, no todos quieren transitar por esa senda. Muchos quisieran ir tras los pasos de Jesús, y con sus palabras declaran que por Él abandonarían lo que fuera necesario, pero arrastran en el corazón las añoranzas de todo aquello que aman y que, en el fondo, quisieran no dejar. Tristemente, quien así inicia la senda está destinado a quedarse a medio camino. No podrá llegar a la meta. La esposa de Lot es un ejemplo de esto:

> *"...la esposa de Lot miró hacia atrás mientras lo seguía y quedó convertida en una estatua de sal" (Génesis 19:26).*

Jesús mismo la utiliza como ejemplo para explicarnos que no es posible seguirlo a Él si vivimos mirando hacia atrás, lamentándonos por aquello que abandonamos para ir a donde Él nos llama:

> *"¡Recuerden lo que le pasó a la esposa de Lot! Si se aferran a su vida, la perderán; pero si dejan de aferrarse a su vida, la salvarán" (Lucas 17: 32-33).*

Aquí Jesús conectó la idea de mirar hacia atrás con la de aferrarnos a nuestra vana vida anterior, porque quería que comprendamos que ser discípulos requiere despojarnos de nuestra vieja forma de vida para caminar en un nuevo propósito de vida al unirnos a Él.

Ahora bien, intentar renunciar a lo que ambicionamos o deseamos, por mera obligación o simple religiosidad, es más que imposible. Renunciar a los sueños que albergamos en nuestro corazón a fuerza de buenos deseos y convicción personal es igualmente inútil. Solo podremos renunciar a todo aquello que amamos y valoramos cuando hayamos descubierto la perla preciosa, el tesoro de valor supremo. Esa es la única manera de avanzar en el Camino.

No es honesto comenzar la carrera de ser discípulos con la intención de recuperar más adelante lo que hemos abandonado o cedido por causa del Señor. Sí es válida la espera de las recompensas que Él nos prometió, pero no lo es exigir que parte de esas recompensas incluyan algo que ya cedimos. No es santo ni sabio esperar un "intercambio" o una "negociación" entre Jesús y nosotros.

Cuando yo era un joven discípulo de Jesús, había mucho de estas actitudes inmaduras en mis interacciones con el Señor. Al leer en mi Biblia sobre el patriarca Abraham entregando en el altar a su hijo Isaac tal como Dios se lo había pedido, me sentía admirado de la gran fe y el corazón obediente de este hombre. De hecho, me sigue causando gran admiración hasta el día de hoy. Y aumentó aún más mi asombro cuando supe que estaba ofreciendo al hijo que había esperado por décadas; el hijo que representaba la garantía del cumplimiento de la promesa que Dios le había hecho sobre su descendencia. ¡Había mucho en juego además de la vida de su hijo, y aun así lo ofreció! ¡Ni siquiera intentó negociar con el Señor! Su historia es claramente una de esas locuras registradas en la Biblia que solo con el corazón lleno del Espíritu Santo podemos comprender.

Como todos sabemos, cuando Abraham estaba a un segundo de sacrificar a Isaac hubo una intervención divina:

> *"—¡No pongas tu mano sobre el muchacho! —dijo el ángel—. No le hagas ningún daño, porque ahora sé que de verdad temes a Dios. No me has negado ni siquiera a tu hijo, tu único hijo" (Génesis 22:12).*

Y claro... como conocemos el final de la historia se nos hace menos impresionante y más fácil de entender. Pero debemos recordar que Abraham no siempre supo cómo el Señor cumpliría la promesa de darle descendencia, y que mientras preparaba el altar en aquel Monte Moriah, ciertamente no sabía que Dios proveería un carnero para el sacrificio en lugar de Isaac.

Confieso que en el pasado hubo muchas ocasiones en las que entregué al Señor cosas que Él me pedía... pero en el fondo de mi corazón estaba esperando sentir la voz del ángel que escuchó Abraham. En mi interior anhelaba oír: "Alejandro, quédatelo... Ya no es necesario que lo sacrifiques. Ya vi tu buen corazón, ya vi tus buenas intenciones… Tómalo de nuevo en tus manos".

Lo que luego aprendí es que Abraham no tenía solamente buenas intenciones de ofrecer a Isaac, o la idea de ofrecerlo hasta cierto punto, sino que tenía la firme determinación de ofrecerlo sin reservas. Como mucho, podía estar esperando un milagro de resurrección, como nos dice Hebreos 11:19:

> *"Abraham llegó a la conclusión de que si Isaac moría, Dios tenía el poder para volverlo a la vida; y en cierto sentido, Abraham recibió de vuelta a su hijo de entre los muertos".*

Sin embargo, en fe y obediencia, sin saber lo que vendría después, él le ofreció al Señor lo que el Señor le pedía.

SI QUEREMOS SER SUS DISCÍPULOS, DEBEMOS TOMAR LA DECISIÓN FIRME DE PONER COMO NUESTRA META SUPREMA A JESÚS, Y ESTAR RESUELTOS A DESARROLLAR NUESTRA VIDA HACIENDO SU VOLUNTAD, CUESTE LO QUE CUESTE.

Esta historia es un ejemplo más de que no es verdadera adoración aquello que entregamos esperando una retribución a cambio. No es un verdadero discípulo de Jesús el que está esperando como recompensa que Dios le devuelva lo mismo que él le ha ofrecido. Lo que le damos al Señor, debemos entregárselo con carácter irrevocable. De otra manera no estaríamos siendo adoradores sinceros.

La decisión de dejarlo todo

> *"Cierto día, mientras Jesús caminaba por la orilla del mar de Galilea, vio a dos hermanos—a Simón, también llamado Pedro, y a Andrés—que echaban la red al agua, porque vivían de la pesca. Jesús los llamó: «Vengan, síganme, ¡y yo les enseñaré cómo pescar personas!». Y enseguida dejaron las redes y lo siguieron.*

> *Un poco más adelante por la orilla, vio a otros dos hermanos, Santiago y Juan, sentados en una barca junto a su padre, Zebedeo, reparando las redes. También los llamó para que lo siguieran. Ellos, dejando atrás la barca y a su padre, lo siguieron de inmediato*" ***(Mateo 4:18-22. Subrayado del autor.)***

En este texto sobre el llamamiento de los primeros discípulos podemos ver claramente que ellos decidieron seguir a Jesús sin cuestionar nada, y sin saber si habría recompensa o no. Lo mismo aplica hoy en día. Si queremos ser sus discípulos, debemos tomar la decisión firme de poner como nuestra meta suprema a Jesús, y estar resueltos a desarrollar nuestra vida haciendo Su voluntad, cueste lo que cueste. En otras palabras, debemos estar dispuestos a pagar el precio de ser Sus discípulos.

UN DISCÍPULO SIMPLEMENTE OBEDECE, NO NEGOCIA CON SU SEÑOR.

Y quiero serte honesto: hay un sufrimiento garantizado que vendrá como consecuencia de comprometernos a vivir para Cristo. Esto resulta tal vez más evidente en el campo misionero. Quien dedica su vida a servir a Dios como misionero tiene conflictos y sufrimientos asegurados solamente por el hecho de tener que tratar con personas opuestas a Cristo (y también, muchas veces, por tener que interactuar con hermanos en la fe que están lejos de entender lo que es ser un verdadero seguidor de Jesús). Si lees este libro en un país occidental, es poco probable que tus mayores conflictos lleguen a incluir azotes o persecuciones, como les sucede a muchísimos de nuestros amados hermanos y hermanas en distintas partes del mundo por causa de su fe en Cristo. Posiblemente tu fe y la mía no tendrán que atravesar jamás por ese tipo de fuego. No obstante, debemos saber que todo discípulo pasará inevitablemente por momentos de decisiones que lo pondrán en aprietos, o alterarán de alguna manera su forma de vida llevándolo a experimentar quebranto, sufrimiento y sacrificio._

Debemos tomar consciencia de que al haber decidido seguir a Jesús, hemos decidido también estar dispuestos a atravesar alguna clase de fuego por causa de Jesús y del evangelio. Muchas veces es en esas pruebas donde el creyente prefiere detenerse o cambiar de camino, y el discípulo se sostiene en su caminar, aferrándose a Jesús.

Todo discípulo que quiera continuar la senda debe saber lo que habrá de experimentar y también, como vimos, tener presente que él mismo ha renunciado al derecho de negociar con Jesús. Un discípulo simplemente obedece, no negocia con su Señor. ¿Cuál será nuestra decisión, entonces? ¿Elegiremos seguir a Jesús aun sabiendo lo que nos esperará en el futuro, temprano o tardío? ¿O intentaremos salvar nuestra vida del sacrificio?

Muchos cristianos no pueden librar estas disyuntivas porque viven entre dos pensamientos, sin haber tomado resoluciones prácticas en sus vidas que los definan a favor de Jesús. No han comprendido que Jesús el Señor significa también Jesús el Único.

Puedo asegurarte que te será más fácil tomar decisiones de este tipo (y vivirlas) si cimientas tus resoluciones en Su Palabra y en Sus intereses. Así, cada resolución será para ti una deleitosa práctica, porque tendrás una certeza santa que te desligará de la presión de estar vacilando entre dos pensamientos todo el tiempo.

Jesús no es un mentiroso que promete un yugo fácil y que sorpresivamente luego pone sobre nosotros cargas imposibles de llevar. Lo que sucede es que el yugo se torna pesado y complicado de llevar cuando andamos vacilando entre dos caminos. La raíz del peso excesivo del yugo que cargamos como creyentes es el incremento de tensiones en nuestro corazón que surge cuando queremos seguir avanzando en el Camino, pero sin querer soltar otras cosas que hemos atesorado en el corazón. ¡Es un gran peso querer que Él sea Señor de nuestra vida, mientras seguimos guardando en nuestra alma rivales con los que lo ponemos a competir! Un caminar así es tortuoso y no da el fruto que Jesús quiere ayudarnos a producir. Si quieres caminar a un paso más veloz, con menos carga, y dando una mayor gloria al Señor, es hora de dejar atrás de una vez y para siempre todo lo que estorbe y todo lo que compita con Jesús.

MUCHOS TOMAN LA DECISIÓN DE QUE JESÚS SEA EL PRIMERO EN SUS VIDAS, PERO NO LE DEJAN LUGAR SUFICIENTE EN SUS CORAZONES COMO PARA QUE SEA EL ÚNICO.

¿Recuerdas lo que ocurría con Israel en tiempos del profeta Elías? Él confrontó al pueblo amado por Dios con una fundamental pregunta: *"¿Hasta cuándo seguirán indecisos, titubeando entre dos opiniones? Si el Señor es Dios, ¡síganlo! Pero si Baal es el verdadero Dios, ¡entonces síganlo a él!"* (1 Reyes 18:21a). La Escritura afirma en ese mismo versículo que el pueblo no respondió ni una sola palabra, y tristemente, algo similar ocurre con muchos cristianos en la Iglesia de hoy en día. Se muestran incapaces de decidir, no se atreven a tomar resoluciones.

El pueblo de Israel quería el favor y las bendiciones de parte de Jehová para ellos y para sus hijos, pero a la vez quería tener a Baal como amante. Ellos querían tener al Señor como el primero, pero no entendían que debía ser también el único. Hoy vemos lo mismo en el pueblo de Dios, la Iglesia. Muchos toman la decisión de que Jesús sea el primero en sus vidas, pero no le dejan lugar suficiente en sus corazones como para que sea el único. De allí proviene la debilidad espiritual y la confusión.

Personalmente, considero que esta falta de comprensión es un estupor espiritual demoniaco que hace que muchos creyentes amen a Jesús como Salvador, pero que ese amor no sea lo suficiente como para hacerlo su Señor (es decir, el Único), y por lo tanto nunca lleguen a ser discípulos verdaderos. Recién cuando las personas son iluminadas por el Espíritu Santo llegan a tener la comprensión de que nuestro Salvador es ***Jesús el Señor***, ***Jesús Él Único***. Entonces pueden dejar de oír esas otras voces que les decían siempre lo que querían oír, provocando confusión y alejamiento de la exclusiva voz del Buen Pastor.

Esta voz del Buen Pastor, por cierto, incluye a Su voz dada por medio de la Iglesia. Lo digo especialmente para aquellos que piensan que las comunidades locales cristianas son prescindibles, sin comprender el bautismo en el Cuerpo de Cristo, y olvidando la Palabra que dice:

> *"El cuerpo humano tiene muchas partes, pero las muchas partes forman un cuerpo entero. Lo mismo sucede con el cuerpo de Cristo. Entre nosotros hay algunos que son judíos y otros que son gentiles; algunos son esclavos, y otros son libres. Pero todos fuimos bautizados en un solo cuerpo por un mismo Espíritu, y todos compartimos el mismo Espíritu" (1 Corintios 12:12-13).*

La voz de la Iglesia, que es Su cuerpo, es un recurso por medio del cual Él reafirma Su voluntad para nuestras vidas.

Volviendo al profeta Elías, él nos advirtió claramente que el Señor es celoso y que no acepta rivales. Se lo dijo a un pueblo cínico y descarado, que esperaba bendición de Dios pero que no lo tenía como el único Señor de su corazón. Hoy, el Espíritu Santo sigue repitiendo el desafío de Elías: ¡Tomen una decisión! ¡Es necesario que elijan!

La decisión es nuestra, y es personal. Pero debemos saber que si de nuestra parte hay una mera consideración al mundo, ya estamos incurriendo en infidelidad en el corazón.

¡Decidamos nuestro corazón por Jesús el Señor, Jesús el Único! ¡Dejemos de lado la atracción y el apego por aquellas cosas que no queríamos soltar y que torpemente sentíamos que el Maestro quería "robarnos"! Desechemos el adulterio espiritual, y sigamos el ejemplo de Josué, un hombre decidido con una resolución clara:

> *"Pero si te niegas a servir al SEÑOR, elige hoy mismo a quién servirás. ¿Acaso optarás por los dioses que tus antepasados sirvieron del otro lado del Éufrates? ¿O preferirás a los dioses de los amorreos, en cuya tierra ahora vives? Pero en cuanto a mí y a mi familia, nosotros serviremos al Señor" (Josué 24:15).*

Capítulo VII: La gran confusión

1. ¿Cómo puedes cambiar tu perspectiva para ver el sacrificio como un gozo y no como una pérdida?

2. ¿Qué cosas en tu vida necesitas entregar completamente al Señor sin esperar algo a cambio?

3. ¿Cómo puedes evitar la tentación de negociar con Dios en lugar de obedecerlo?

4. ¿Qué significa para ti encontrar el tesoro escondido y venderlo todo por Él?

5. ¿Cómo puedes asegurarte de que tu corazón esté completamente entregado a Jesús?

CAPÍTULO VIII
Resoluciones

Las resoluciones son mucho más que ideas románticas y pensamientos bonitos. Tampoco son, como mucha gente cree, frases motivacionales que nos inspirarán a vivir mejor. Las resoluciones son convicciones profundas originadas en un corazón que ama.

Con tristeza he tenido que presenciar lo que muchos pastores jamás imaginamos que llegaríamos a ver: parejas que antes de casarse son incapaces de tomarse el tiempo y la quietud de escribir resoluciones para compartir con quien será su esposo o esposa. Están tan preocupados por planear "la boda perfecta" que han perdido la devoción de la quietud en la que brotan las resoluciones verdaderas e inquebrantables que aseguran buenos cimientos para el matrimonio. En lugar de escribir algo especial para leerle a su futuro cónyuge en el día de la boda, toman frases ya hechas, alguna cita romántica encontrada en internet, e incluso promesas redactadas por la inteligencia artificial.

Y esto es solo un síntoma... Creo que hoy cada vez más matrimonios se rompen por la falta de un pensamiento renovado en el Espíritu Santo, quien es la verdadera mediación entre hombre y mujer, el Único que nos lleva al terreno de las resoluciones irrevocables sostenidas en amor, poder y gracia.

Aprovecho la oportunidad para animarte en el tema. Si ya vives en el pacto matrimonial, renueva con tu cónyuge las resoluciones que los llevaron a ese pacto. Y si en su momento no las hicieron con sinceridad o con el debido tiempo de reflexión, esta es la oportunidad de sentarse y plantear algunas resoluciones con la dirección del Espíritu Santo, para ser dirigidos con firmeza en los años que siguen. Si, por el contrario, aún no estás unido con alguien en matrimonio, decide desde ahora qué resoluciones tomarás tú en lo individual para serle fiel al Señor y a tu futuro cónyuge. Al hacerlo estarás colocando un fundamento sólido para esa etapa de tu vida cuando llegue.

Ahora bien, no todas las resoluciones las determinamos por una revelación directa o gloriosa en nuestro corazón, aunque hay casos como el de Jonathan Edwards (1703-1758). Él fue un prominente cristiano de profundas convicciones, además de ser teólogo, pastor y misionero, y entre varias obras escritas dejó plasmadas setenta resoluciones personales que fueron la brújula de su vida y de su andar con Jesús. Si no las conoces te recomiendo tomarte el tiempo para buscarlas y leerlas, e incluso tal vez hacer tuyas algunas de ellas.

Cuando digo que no todas las resoluciones las determinamos por revelación, me refiero a que no todas proceden de un tiempo de comunión con el Señor o de lectura de la Palabra. Si somos sinceros, creo que todos podemos confesar que algunas de nuestras resoluciones son el fruto de palizas que nos han doblado, y de cicatrices de heridas innecesarias, producto de la miseria espiritual en la que en algún momento de nuestras vidas caímos por ser perezosos en robustecer nuestro conocimiento de quién es Dios y cómo es Su carácter, y por falta de una relación viva con su Espíritu Santo y con las Escrituras.

Cuando caminamos por la vida sin haber tomado resoluciones, somos semejantes a un niño en un parque de diversiones: vamos de un lado al otro como hipnotizados por las luces, la música, los juegos, los premios, y todo lo resplandeciente que nos rodea. El problema es que muchas veces cuando un niño se halla en esa situación, sin quererlo y sin darse cuenta se va alejando paulatinamente de sus padres —y de la protección que estos le brindan— por estar tan embelesado con todo lo que captan sus ojos. Incluso cuando ya está lejos, puede seguir caminando tan distraído con las atracciones a su alrededor, que ignora la angustia de quienes lo aman y lo están buscando. Ajeno a su condición de perdido, continúa de buen ánimo aunque bien pudiera haber un equipo entero de seguridad buscándolo en intensa movilización.

Así sucede también en la vida... quien camina extraviado, muchas veces ni siquiera sabe que está perdido.

Por eso Dios, nuestro Padre, quien nos ama infinitamente, anhela que tomemos resoluciones para que no nos extraviemos ni nos alejemos de Él. Ciertamente, por Su omnisciencia, Él no experimenta la desazón de un padre o una madre que no halla a su hijo en el parque de diversiones, pero Su amoroso corazón se constriñe por nosotros cuando nos ve desviarnos una y otra vez, embelesados por lo que nos rodea. De manera que, al decidirnos a tomar resoluciones, estamos dando un paso hacia la madurez espiritual. Ya no seremos llevados por cualquier viento de doctrina, ni tampoco por lo que reluce en este mundo. Habremos fijado nuestros ojos en Cristo como verdaderos discípulos, y nuestro Padre estará feliz.

DIOS, NUESTRO PADRE, QUIEN NOS AMA INFINITAMENTE, ANHELA QUE TOMEMOS RESOLUCIONES PARA QUE NO NOS EXTRAVIEMOS NI NOS ALEJEMOS DE ÉL.

¡Amados hermanos, es tiempo de renunciar a nuestro parque de diversiones! Seguramente cada uno de nosotros sabrá qué es aquello que debe quedar atrás. No es necesario que yo te proponga aquí una extensa lista. Solo hace falta tu sinceridad, porque en nuestra conciencia todos sabemos perfectamente cuáles son los factores específicos que drenan nuestra pasión y que nos alejan de conocer a Jesús más profundamente cada día. Lo que sí quiero hacer es animarte a no confundir los enemigos de nuestras almas —Satanás y el mundo— con las elecciones que tú debes tomar en tu propia alma. Para vencer a los enemigos de nuestras almas tenemos el poder de Jesús y Su Palabra. Pero para prevalecer sobre los desvíos infantiles y sobre aquellas pasiones erradas a las que tiende nuestro corazón (de las que tarde o temprano terminamos por forjar ídolos), para ello tenemos la bendición del arrepentimiento impulsado por el Espíritu Santo, nuestro Ayudador, quien además de guiarnos a arrepentirnos nos guiará a hacer y sostener resoluciones para no volver atrás.

Nunca pierdas de vista estas dos realidades: es cierto que hay una lucha contra fuerzas demoniacas que procuran alejarnos del camino de aprendices y practicantes de lo que Jesús dice, pero de igual forma hay otra lucha, que es contra la terquedad de nuestro corazón. Para ganar esa lucha debemos enfrentarnos a nuestros propios deseos, que siempre procurarán reinar dirigiendo nuestras decisiones, a veces incluso muy discretamente, disfrazando de espiritual lo terrenal, y de sagrado lo profano. A esto se le llama vivir en la carne.

MUCHAS VECES LAS GRANDES RESOLUCIONES SON EL RESULTADO DE PROFUNDOS QUEBRANTAMIENTOS DE NUESTRA ALMA.

Si has llegado a esta estación de tu vida luego de rotundos fracasos y metas no alcanzadas en tu caminar de fe, ¡pídele ayuda al Espíritu Santo y vuelve a fijar tus ojos en Jesús y en Su Palabra! Puedo asegurarte que si lo haces, nuevas resoluciones arderán en tu corazón para ayudarte a volver cerca de tu Padre, y para que puedas seguir avanzando firme en el camino de ser un verdadero discípulo de Jesús.

Una historia vergonzosa

Inicio esta parte testimonial basado en la premisa que acabo de establecer unos renglones atrás: No todas las resoluciones del corazón las tomamos en un glorioso momento de ministración espiritual. Algunas resoluciones son el fruto de amargos y penosos fracasos. Y sí, muchas veces las grandes resoluciones son el resultado de profundos quebrantamientos de nuestra alma.

Esta historia ocurrió unos veintiocho años atrás del momento en que escribo estas líneas. Vale la pena iniciar con una disculpa anticipada, y aclarando que lo que aquí leerás ya ha recibido el perdón del Señor a mi corazón, y también el de mi amada Norma, por lo cual tengo paz sobre lo sucedido. Los lectores casados entenderán muy bien que ese perdón de tu esposa es como el cielo en la Tierra.

En ese momento yo era un muchacho de 26 años, y la congregación que hasta el día hoy, por gracia del Señor, pastoreamos, tenía alrededor de 250 miembros. Yo había comenzado el pastorado en esa obra cinco años atrás y las cosas funcionaban bastante bien. Mi esposa y yo estábamos comenzando a disfrutar las mieles de la gracia y el favor de Dios tempranamente en nuestro llamado. A pesar de nuestra juventud, los miembros de la iglesia nos arropaban, como hasta hoy maravillosamente lo siguen haciendo.

Norma y yo estábamos totalmente inmersos en servir a nuestro rebaño. Para entonces, además, ya éramos padres: nuestro primer hijo tenía dos años de edad. Y aunque vivíamos felices de servir a tiempo completo, nuestro contexto familiar era estrecho en el aspecto financiero. Vivíamos muy limitados. Podría decir, sin afán de victimizarnos, que éramos pobres.

Mientras yo batallaba por tener suplidas las necesidades en casa, en determinado momento brotó en mi corazón una raíz de amargura. Sentía que la iglesia no estaba atenta a recompensar debidamente mi esfuerzo y mi compromiso hacia todos ellos. Comencé a pensar que me debían. Quiero aclarar que era una tontería solo mía, porque Norma no seguía en absoluto mi corazón en esto. De hecho, por un buen tiempo lidié con esas emociones yo solo. No quería intranquilizarla compartiéndole las tensiones que atravesaban mi interior.

Norma me notó afligido. La verdad es que las esposas nos conocen y distinguen nuestros silencios... Al ver cómo se preocupaba genuinamente por mí, me sentí seguro de abrirme con ella y contarle lo que agobiaba mi corazón. Le expresé mi sentir sin filtros, haciéndole saber sobre mi inconformidad por la supuesta falta de cuidado de parte de nuestra congregación. Mi queja, aparentemente fundada, fue algo semejante a lo que escribiré a continuación:

"Norma, no puedo entender por qué la iglesia no nos procura suficiente dinero. Vivimos enseñando la Palabra y cuidando de cada persona. Siempre estamos cuando alguien nos necesita. ¡No entiendo por qué a nadie le importa que tengamos que trasladarnos siempre en transporte público con nuestro bebé! ¿Por qué no se ponen de acuerdo para ayudarnos a tener un coche para nuestra familia y nuestro ministerio?".

Espera por favor. Antes de que dispares contra aquel inmaduro Alejandro, y sin afán de justificarme, quisiera exponer el contexto social en el que vivíamos. Nuestra ciudad en aquel momento estaba catalogada como la más peligrosa en toda la República Mexicana. Con la conciencia tranquila puedo dar testimonio de que mi pretensión no era una ambición desordenada por obtener riqueza o lujo. Tan solo anhelaba algo que hiciera más llevadero mi rol de proveedor y que brindara protección a mi esposa y a mi hijo. Hoy puedo ver que, sin darme cuenta, estaba buscando reducir el sacrificio de mi entrega.

Pero volvamos a la historia. Para ser sincero, al abrirme con mi esposa lo que yo esperaba era esencialmente su comprensión. Sin embargo, Norma me ayudó de otra manera. Con el atinado filo profético que suele tener y que hasta el día de hoy sigo agradeciendo (a pesar de que no siempre lo he juzgado como el más terso), su respuesta fue algo parecido a lo siguiente:

"Alejandro, estás perdido en ti mismo. Nadie nos debe nada. Dios no nos debe nada, y la iglesia no nos debe nada. El día que el Señor nos llamó a Su servicio dijimos sí a secas y sin reservas. No pedimos nada a cambio en aquel momento y no lo pediremos ahora. Tienes que pedirle perdón al Señor y purificar las intenciones de tu corazón, o bien dejar el ministerio".

LAS RESOLUCIONES SON LO QUE PUEDE SOSTENERNOS CUANDO EL CONTEXTO APRIETA NUESTRO CORAZÓN.

Sobra decir que ella tenía razón. Cuando respondimos al llamado del Señor, nunca hablamos de contrato, términos ni condiciones. Fue la tensión que aquel momento, que dejé entrar a mi corazón, la que me hizo buscar alguna manera de reducir el impacto del servicio en mi vida.

A partir de esta experiencia reparé en la necesidad de vivir con resoluciones en ese sentido, pues las resoluciones son lo que puede sostenernos cuando el contexto aprieta nuestro corazón. Por gracia de Dios y con la ayuda de Norma, mi resolución fue seguir adelante, sin dar marcha atrás, y alejar de mi alma toda pretensión que me dirigiera a tratar de salvar mi propia vida a costa del Señor y de Su preciosa obra en mis hermanos.

Así, como matrimonio, Norma y yo decidimos desde hace ya muchos años vivir con esta premisa: ***Nadie nos debe nada. Y, principalmente, Dios no nos debe nada***. Por supuesto que las recompensas son mayores en el Reino de Dios que cualquier satisfacción que un contrato o herencia terrenal pudieran ofrecernos, pero es nuestro privilegio caminar resueltos a vivir para Él sin condición alguna, no ambicionando las recompensas, seguros y confiados de que el que tiene cuidado de las aves y los lirios también tendrá cuidado de nosotros. ¡Tomamos la resolución de vivir por fe y no por nuestras expectativas de cómo Dios habría de retribuir nuestro servicio amoroso por Él!

Tristemente, a través de los años he observado este patrón en muchos que están —o estaban— siguiendo a Jesús. Ese sentimiento oculto de esperar cosas en retorno; esa exigencia al cielo como si le hubiéramos hecho un préstamo a Dios y nos tuviera que devolver lo que le dimos con intereses, en lugar de ver todo aquello que le hemos entregado como una ofrenda para Su gloria. Es curioso, porque en términos humanos, no recuerdo jamás haber regalado algo con la expectativa de que me lo regresaran en algún momento, y de la misma manera, espero que lo que tan generosamente he recibido de otros, no tenga la exigencia algún día de tener que regresarlo. ¿Por qué nos cuesta tanto entender que lo que le hemos rendido al Señor lo hemos entregado; que no fue un préstamo que le hicimos para luego vivir a la espera de que nos lo devuelva? No hemos hecho una negociación, hemos realizado una ofrenda. Y, de todas maneras, aunque no lo hicimos con ese fin en mente, podemos estar seguros de que las recompensas del Señor serán mucho más gloriosas que aquello que le rendimos.

DEBEMOS CUIDAR NUESTRO CORAZÓN DE CAER EN EL ENGAÑO DE OFRECERLE ALGO AL SEÑOR ESPERANDO QUE RETORNE A NOSOTROS NUEVAMENTE.

Restitución vs. recompensas

Quiero retomar en este momento un tema que mencioné brevemente más atrás, y es que no debemos confundir la promesa de que seremos recompensados por haberlo dejado todo con la idea de ser restituidos. La restitución tiene que ver con el retorno de todo aquello que Dios un día nos concedió y que nosotros perdimos en el camino, ya sea por nuestros propios errores o porque el diablo nos lo robó. La restitución nos consuela y nos vuelve a mostrar una vez más Su amor para con nosotros. La entrega sin esperar ninguna recompensa tiene, en cambio, un carácter de ofrenda, de adoración: se trata de nuestra respuesta de amor y gratitud hacia Él.

Esa adoración que conduce a una entrega resuelta, y que no espera nada a cambio, viene siempre acompañada con la decisión de que Él sea santificado y honrado. Es darlo todo, al punto de rendirnos a nosotros mismos como una ofrenda. Por supuesto, todo lo que se da en el altar debe ser de altísima estima para quien lo ofrece, aun sabiendo que será consumido por el fuego y reducido a cenizas. Y quien así eleva ofrenda al Señor sabe bien que al ofrecerla no habrá devolución. Por eso debemos cuidar nuestro corazón de caer en el engaño de ofrecerle algo al Señor esperando que de las cenizas retorne a nosotros nuevamente. Eso no sería adoración en espíritu y verdad.

Ya he hecho referencia a esta poderosa parábola de Jesús, pero creo que merece la pena retomarla aquí:

> *"El reino del cielo es como un tesoro escondido que un hombre descubrió en un campo. En medio de su entusiasmo, lo escondió nuevamente y vendió todas sus posesiones a fin de juntar el dinero suficiente para comprar el campo" (Mateo 13:44).*

¿Cómo podemos estar seguros de que ese hombre descubrió un tesoro verdadero? ¡Porque vemos que replanteó toda su vida ante ese tesoro! Lo estimó como más valioso que todo lo que antes había llegado a poseer, y por eso no dudó en vender todo lo que había logrado conseguir hasta el momento, para comprar el terreno y poder ser dueño de ese tesoro. Evidentemente, el tesoro lo había deslumbrado tanto que consideró que valía la pena cualquier sacrificio con tal de poseerlo.

Los versículos siguientes dicen:

> *"Además el reino del cielo es como un comerciante en busca de perlas de primera calidad. Cuando descubrió una perla de gran valor, vendió todas sus posesiones y la compró" (Mateo 13:45-46).*

Al contrastar estas parábolas hallamos que el primero de los hombres se topó por accidente con un tesoro, mientras que el segundo encontró aquello que venía persiguiendo con pasión y diligencia desde hacía tiempo. Pero ambos comparten el hecho de haber descubierto algo que consideraron tan, pero tan valioso, que se decidieron a vender todo lo que tenían sin ninguna duda, cuestionamiento, ni aplazamiento.

ENTREGAR TODO POR CRISTO NO ES UN SACRIFICIO, SINO SIMPLEMENTE LA RESPUESTA LÓGICA TRAS HABER CONOCIDO LA BELLEZA DE JESÚS Y LA GRANDEZA DE SU REINO.

Si hacemos nuestras estas parábolas, podremos comprender que entregar todo por Cristo no es un sacrificio, sino simplemente la respuesta lógica tras haber conocido la belleza de Jesús y la grandeza de Su Reino.

Moisés experimentó un encuentro así con el Señor. Mira lo que dice la Escritura:

> *"Fue por la fe que Moisés, cuando ya fue adulto, rehusó llamarse hijo de la hija del faraón. Prefirió ser maltratado con el pueblo de Dios a disfrutar de los placeres momentáneos del pecado. Consideró que era mejor sufrir por causa de Cristo*

que poseer los tesoros de Egipto, pues tenía la mirada puesta en la gran recompensa que recibiría" (Hebreos 11:24-26).

¿Quién en su sano juicio intercambiaría el ser el nieto del hombre más poderoso de la tierra —y, por consiguiente, el más peligroso también—, y renunciaría a riquezas sin límite y a una gran reputación, todo por considerar el sufrimiento como algo de mayor valor? Moisés lo hizo. Él eligió el sufrimiento, no por ser una especie de mártir o por un arranque de valentía e insurrección nacional. Eligió sufrir por la causa del Señor. Y esto lo llevó a salvar a un pueblo entero que gemía de dolor, anhelando ser liberado de Egipto, para entrar en el propósito de ser una nación exclusiva para Su Dios.

Si has tomado en tu corazón la decisión de elegir el sufrimiento por causa de Cristo, entonces sabrás que eres mayordomo de aquello que Dios ha depositado en tus manos. De manera que cuando Dios te demande algo que tú solamente administras, no sufrirás angustia como si te hubieran robado. Simplemente lo entregarás con la misma fe con que Moisés entregó todo, y comprendiendo que las recompensas serán fruto de la renuncia.

EL CORAZÓN DEL DISCÍPULO CONFÍA PLENAMENTE EN QUE SU SEÑOR NO MIENTE.

Esta es una clave del discipulado: ceder a todo cuanto Jesús nos requiera sin aferrarnos a nada, sin sensaciones de que estamos siendo robados o despojados por Dios, y sin ninguna demanda a cambio. Sabemos que Dios es amoroso, y que en su amor da recompensas a sus seguidores, pero nuestros ojos y nuestros afectos no estarán fijos en lo que Él pudiera darnos, sino en lo que Él quisiera recibir de parte nuestra.

En el capítulo anterior mencioné un pasaje que quisiera ver ahora:

> *"Entonces Pedro comenzó a decir a Jesús: «Nosotros lo hemos dejado todo y te hemos seguido». Jesús respondió: «En verdad les digo, que no hay nadie que haya dejado casa, o hermanos, o hermanas, o madre, o padre, o hijos o tierras por causa de Mí y por causa del evangelio, que no reciba cien veces más ahora en este tiempo: casas, y hermanos, y hermanas, y madres, e hijos, y tierras junto con persecuciones; y en el siglo venidero, la vida eterna»" (Marcos 10:28-30, NBLA. Subrayado del autor).*

Aquí vemos que Jesús prometió recompensas en esta vida y en la venidera también, y el corazón del discípulo confía plenamente en que su Señor no miente. Él es veraz, y si ha prometido recompensas, eso es lo que vendrá, no puede ser de otro modo. Por lo tanto, el discípulo afirma su corazón en el peso que tiene la Palabra de Verdad, y lucha contra sus propias intenciones y emociones sosteniéndose como viendo al invisible. Por su parte, el que solo es un creyente luchará con uñas y dientes para defender sus posesiones, su tiempo, sus derechos y todo aquello que anhela, y deseará que no pase mucho tiempo hasta que su entrega se vea recompensada. Lamentablemente, por esta actitud del corazón, no podrá crecer, no podrá echar raíces en el Señor, y cuando se dé cuenta de que lo que desea no le es dado, se cuestionará el seguir en el Camino, pues en realidad nunca había buscado el Reino de Cristo, sino su propio reino. Ha elegido a faraón, sus lujos, sus placeres momentáneos, porque no ha logrado ver el valor de la perla de gran precio.

Si eres un discípulo verdadero, lo que ocurre con el paso del tiempo, y al mirar atrás, es que te das cuenta de que cuando Cristo te cautivó renunciaste a cosas, personas, o asuntos que en ese momento eran tu "todo", tanto que resultaba inimaginable poder desprenderte de ellas, pero hoy puedes dar testimonio de las recompensas que has recibido por haberte rendido, y te das cuenta que las promesas de Jesús se hicieron reales tu vida.

Y es así, ¡las recompensas del Señor exceden cualquier salario o paga que pudiéramos recibir, porque pertenecen al ámbito de lo sobrenatural! Al renunciar a todo por Cristo y por Su causa nos introducimos al terreno de lo milagroso, y las recompensas del Señor son mucho más que solamente riquezas y cosas terrenales. Sus preciosas recompensas abarcan desde sabiduría, inteligencia, y dones, hasta amistades y relaciones extraordinarias con la familia de la fe en todo el mundo, puertas abiertas, y el cielo a tu favor.

Recuerda al rey Salomón, que tenía muy clara esta dimensión. Casi cualquier rey pediría para sí mismo más riquezas, o mayores territorios, con el fin de asegurar su porvenir y el de su familia, o poder para blindarse de sus enemigos y someterlos. Pero Salomón priorizó el pedirle al Señor sabiduría para la tarea de gobernar a la gran nación de Israel. Y su recompensa de parte de Dios fue la siguiente:

> *"...ciertamente te daré la sabiduría y el conocimiento que pediste. ¡Pero también te daré abundancia, riquezas y fama como nunca las tuvo ningún otro rey antes que tú y como ninguno las tendrá en el futuro!" (2 Crónicas 1:12).*

Por su parte, el apóstol Pablo nos recuerda cómo en Cristo tenemos acceso a esta vida milagrosa:

> *"Por el poder de Dios que obra en nosotros, él puede hacer mucho más de lo que jamás podríamos pedir o imaginar" (Efesios 3:20, PDT).*

Te propongo que ahora mismo te tomes unos minutos para hacer memoria de las recompensas que has recibido... y te aseguro que terminarás ese tiempo dándole gloria a Dios, y recibiendo una fe renovada para seguir perseverando en este maravilloso camino de ser discípulos de Cristo.

¡Vivimos en el terreno de la fe y los milagros porque Jesús nos lo ha prometido! ¡Él dijo *cien veces más*! Ahora bien, espero que entiendas que esto que estoy diciendo está a miles de kilómetros de lo que erróneamente se ha llamado "el evangelio de la prosperidad". He dedicado hojas enteras en este libro a intentar comunicar que nuestro corazón no debe ir tras afanes y ambiciones deshonestas. Sin embargo, como hijo de Dios y discípulo de Cristo, no puedo ignorar las palabras de mi Maestro. Y Él dijo esas palabras: ¡*Cien veces más*! No es un reclamo, no es una cosa que ni tú ni yo podamos exigirle al cielo, pero es algo que vendrá porque Jesús lo dijo, y punto.

Jesús nos ha prometido cosas que jamás podríamos conseguir por nuestra cuenta, pero no es una paga; es la expresión de Su mismísima gracia. Está bien esperar cien veces más con expectativa, pero debemos resolver desde ahora que guardaremos nuestro corazón en la plena comprensión de que es Él el autor de estas recompensas, y que son una gracia Suya y no algo que nosotros merezcamos.

Si hemos asimilado ambos conceptos, *el precio de la renuncia* y *la gracia de la recompensa*, entonces habremos resuelto muchos de los problemas comunes en el corazón del cristiano, y podremos caminar libres. Libres de pretensiones, libres de ambiciones, libres de quejas, libres del yugo de esta generación, y libres de nuestros anhelos impuros. Libres en Jesús para vivir como verdaderos discípulos, sacrificando con gozo lo que necesite ser sacrificado por Cristo y por Su Reino.

Capítulo VIII: Resoluciones

1. ¿Qué resoluciones necesitas tomar para fortalecer tu caminar con Cristo?

2. ¿Cómo puedes asegurarte de que tus resoluciones estén alineadas con la voluntad de Dios?

3. ¿Qué áreas de tu vida necesitan más disciplina y compromiso para crecer espiritualmente?

4. ¿Cómo puedes evitar caer en la rutina y mantener viva tu pasión por Jesús?

5. ¿Qué pasos concretos puedes tomar para vivir una vida de obediencia y adoración al Señor?

CAPÍTULO IX

Oído de discípulo

Mi primer conflicto matrimonial

Me casé con Norma siendo muy jóvenes. Ella tenía 20 años y yo, 22. Habíamos entendido temprano que por el resto de nuestras vidas queríamos servir al Señor. Nuestras mentes aún estaban nubladas y éramos inexpertos en muchos aspectos, pero teníamos claridad en cuanto a que nos convenía perseguir la voluntad de Dios, pues sabíamos que allí estaría nuestra seguridad y la de la familia que formaríamos juntos. De entonces a la fecha en la que escribo este libro han transcurrido más de treinta años, y no hemos comprometido la estrategia, por gracia del Señor.

Mirando en retrospectiva, me doy cuenta de que el Señor quería adiestrarnos en nuestra temprana edad para afinar nuestro oído a Su voz, de tal forma que en las siguientes etapas pudiéramos andar en ella. Reparo en esto porque quienes le decimos a Jesús que deseamos ser sus discípulos nos enlistamos automáticamente en la escuela de afinación del oído. Un discípulo es un aprendiz, y esto le implica observar y escuchar atentamente a Aquel a quien quiere imitar.

UN DISCÍPULO ES UN APRENDIZ, Y ESTO LE IMPLICA OBSERVAR Y ESCUCHAR ATENTAMENTE A AQUEL A QUIEN QUIERE IMITAR.

A los pocos meses de mi boda con Norma fui invitado a una conferencia de jóvenes en Moscú. Me habían llamado para compartir el evangelio, y mi pastor estaba de acuerdo, incluso alegre, de que hubiera recibido tal invitación. ¿Puedes imaginarte cómo me sentía yo? ¡Esto era una locura! Significaba mucho para mí, y por el contexto de mi vida hasta entonces, ¡esta era la expresión misma del amor de Dios! Sería mi primer viaje a otra nación, y yo ya estaba experimentando uno de los tiempos más felices de mi vida tan solo de anticipar lo que vendría.

Recién terminada la conversación en la que había sido asignado para ir, no pude contenerme más y corrí a compartirlo con Norma, quien recibió la noticia con la misma intensidad que yo, porque obviamente un viaje así es algo muy especial. De inmediato preguntó: "*¿Cuándo nos vamos?*". Mi respuesta fue que sería genial ir juntos, pero que el presupuesto para esta misión no la incluía a ella, y considerando nuestro estado de matrimonio inicial, no sería sabio contraer otra deuda sumada a la que ya teníamos, pues aún quedaban cosas pendientes por pagar de la boda, además de un refrigerador que habíamos adquirido.

Estaba seguro de que Norma lo comprendería, de que estaría feliz de que yo tuviera esa experiencia ministerial y de vida, aunque por esta vez tuviera que ser sin ella.

Sin embargo, su respuesta fue clara: "*Si yo no voy, tú no vas*".

Pensé que me estaba jugando una broma, por lo cual reanudé mis explicaciones de las causas por las que solo por esta vez ella tendría que quedarse.

No obstante, y para mi sorpresa, otra vez me contestó: "*Si yo no voy, tú no vas*".

Para este momento, yo había comprendido que mi joven señora esposa estaba confundida, así que traté de conservar la calma. Hablé conmigo mismo internamente, y me dije: "*Es normal que conteste así, porque ella no quiere quedarse, pero vamos a darle tiempo para que el Espíritu Santo se acerque a ella y la haga entender la situación...*"

Como he referido antes, por ese entonces no teníamos automóvil, así que para llegar a casa desde la iglesia teníamos que abordar el metro de la Ciudad de México y luego tomar una ruta de bus hasta nuestro pequeñísimo departamento.

El clima entre ambos era tenso en el metro, pero yo me mantenía orando, aunque estaba entre confundido y un poco molesto por su respuesta y por su actitud. Confieso que en mis oraciones aproveché para reprender los espíritus de confusión en su mente, y hasta me atreví a orar echando a las fuerzas demoniacas de control de brujería y de Jezabel que pudieran haber tomado control de mi esposa (entiéndase esta línea con sarcasmo). Lo cierto es que desde mi perspectiva, ella estaba tomando una actitud de opositora frente a la voluntad de Dios para mí. Norma sabía identificar fácilmente cuando yo estaba orando, así que me interrumpió para preguntarme qué pretendía lograr con ello, por lo que volví a intentar hacerla entrar en cordura. Su respuesta una vez más fue: *"Si yo no voy, tú no vas"*.

Mi molestia subió al nivel de enojo, pero a pesar de ello oré en mi interior: *"Señor, danos una señal de que es Tu voluntad que yo haga este viaje, y haz que Norma entienda que las condiciones no permiten que ella pueda ir"*.

Seguíamos tensos y callados, ahora ya no en el metro sino sentados en la parte trasera del bus, cuando un pasajero se acercó a la puerta trasera para bajarse. El hombre traía puesta una chaqueta de piel y, cual si fuera la milagrosa señal pedida al cielo, cuando el pasajero giró para descender los escalones, vimos que en la espalda tenía impresa una bandera de la URSS (la Unión de Repúblicas Socialistas Soviéticas, que en esa época significaba "Rusia" para nosotros).

"¡Norma! ¿Ves la bandera impresa en la chaqueta de ese hombre?". (Quiero que entiendas que realmente era una posibilidad casi nula encontrar una bandera así donde vivíamos. No exagero al decir que estaba sucediendo algo completamente inusitado). ¡Yo rebozaba de felicidad! ¡A una parada de casa Dios había escuchado mi oración!

Norma respondió: *"¡Es impresionante cómo Dios está confirmándonos Su voluntad! ¿Cuándo nos vamos?"*.

Al oír su respuesta, la desilusión y la ira se apoderaron de mí con toda su intensidad. Al llegar al departamento, cerré de un golpe la puerta de la recámara sintiendo mucho enojo hacia ella. Dentro de mí había una profunda sensación de ser víctima al haberme casado con una mujer que me impediría desarrollarme en el llamado de Dios. *"¿Qué será de mí en este matrimonio?"*, pensaba yo. *"Si así está comenzando esto... ¡Ayúdame, Dios!"*.

De repente, y con mucha tranquilidad, Norma entró a la recámara. Con paciencia y calma me propuso apartarme para orar unos días a fin de aclarar la voluntad de Dios sobre el asunto. Yo, que no la estaba pasando nada bien, decía en mi mente: *"Señor, la que necesita esos días para oírte es ella, ¡no yo! Yo tengo claro que Tú me quieres en Moscú, ¡es ella la que no lo entiende!"*.

A pesar de todo, accedí a su propuesta. Me fui a un lugar de retiro para orar, convencido de que cinco días de ayuno sincero quitarían las tinieblas de mi esposa Norma, y ella accedería a que yo realizara ese viaje ministerial. Comencé, entonces, mi tiempo de retiro con la certeza de que Dios la tocaría a tal punto que aprendería de una vez por todas que Dios la había puesto a mi lado para ser mi ayuda idónea, y no para ser una opositora al joven siervo de Dios, es decir, yo.

Decidí que durante el retiro de cinco días leería el Pentateuco, un libro cada día. A pesar de todo lo que acabo de relatar, yo leía tratando sinceramente de afinar mi oído a la voz de Dios. Aunque evidentemente había orgullo en mí, yo no quería imponerme. Mi deseo concreto era encontrar un buen versículo para leerle a Norma y que ella no tuviera duda ni oposición a la Palabra de Dios. Aun en mi inmadurez, yo sabía que ella tenía un profundo respeto por la Escritura (como sigue teniendo hasta el día de hoy), por lo cual, si Dios le hablaba, ella aceptaría.

Oré, ayuné y leí al ritmo que me propuse, y así llegó el último día. La lectura correspondiente a ese día era el libro de Deuteronomio. Avancé leyendo con devoción, y de repente lo inesperado ocurrió:

> *"A un hombre recién casado no se le debe reclutar para el ejército ni se le debe asignar alguna otra responsabilidad oficial. Debe estar libre para pasar un año en su casa, haciendo feliz a la mujer con la que se casó" (Deuteronomio 24:5).*

"*¡Nooooooo! ¿Por qué existe este versículo en la Biblia?*", pensé, "*¡No es posible!*". De haber tenido un marcador negro en ese momento, quizá hasta lo hubiera tachado. Estaba muy molesto con Dios por hablarme tan clara y directamente diciéndome algo que no esperaba, algo que no quería escuchar. ¡Él estaba diciéndome que me quedara en casa y me dedicara a Norma! ¡Que no hiciera ese viaje a Moscú!

Cerré mi Biblia, ya no terminé la lectura. Caminé hasta la habitación donde había dormido esos días, tomé mi maleta y emprendí mi regreso a casa. En el camino vi un negocio donde vendían tacos, y ya no me importó el ayuno. Hice una parada y, sin más, comí. Era como un niño molesto por la instrucción inobjetable de un padre. (Aunque no mucho después, supe en el fondo de mi corazón que estaba descubriendo, o recibiendo, una llave que me permitiría abrir puertas ante otros interrogantes que vendrían más tarde en mi vida).

Camino a casa escuché en mi corazón la tierna voz de Jesús prometiéndome que si me comprometía con la dirección de Su voz, podría conocerlo más, y Él podría usarme más, pues Sus Palabras me llevarían a la obediencia.

Ahora bien, yo pude haberle ocultado a Norma mi experiencia con la Palabra de Dios. Podría haber insistido en argumentos como: *"El pastor me envía"* o *"Recuerda la bandera de la URSS en el bus"*, tratando de manipular la situación para viajar a Rusia como fuera. Pero considerando lo que sentía que el Señor estaba empezando a enseñarme, yo sabía que me convenía comenzar una relación con Él basada en la sencillez y en la transparencia, principalmente en reverencia al milagro de haber escuchado Su voz aun cuando yo me sentía tan seguro de lo que creía que era Su voluntad. Yo tenía una respuesta de parte de Dios. Sinceramente no era la que quería, pero lo había oído. Ahora "la pelota estaba en mi cancha". Ahora yo tenía que decidir qué hacer.

Regresé a casa y le conté todo lo sucedido a Norma. Juntos hicimos una resolución. Juntos entramos en el acuerdo y en el gozo de buscar seriamente la voluntad de Dios en todo. Creo que Dios usó esa ocasión para alertarme sobre el peligro que tenía delante de mí: convertirme en un predicador vago. Virtuoso en público pero decadente en lo privado, o, como dice el dicho mexicano, "candil de la calle, oscuridad de su casa".

ANHELAR OÍR LA VOZ DE DIOS, SEA LO QUE SEA QUE ÉL TENGA PARA DECIR, ES EL SELLO QUE SOLO LOS DISCÍPULOS TIENEN.

Hoy, mirando hacia atrás, puedo decir que de haber adoptado ese camino, me habría perdido de muchas cosas que hoy celebro en mi familia y en mis tareas pastorales. Además, en la etapa de vida que ahora vivo, estaría lamentando la omisión de las responsabilidades a las que fui llamado desde joven. Lo aprendí bajo tensión, pero ahora puedo compartir el testimonio de lo bien que se siente disfrutar de la paz que viene por escuchar y obedecer, porque todo acto de obediencia es adoración al Señor, y cada acto de obediencia trae paz y gozo a nuestra alma.

También comprendí que es más importante anhelar la voz del Señor que las respuestas a nuestros deseos. Querer recibir respuestas positivas puede ser parte del corazón de cualquier creyente, pero anhelar oír la voz de Dios, sea lo que sea que Él tenga para decir, es el sello que solo los discípulos tienen. Un discípulo verdadero no escucha la voz de Dios porque esté obligado; es él quien desea oírla, y entonces busca la manera de afinar su oído de tal manera que la pueda escuchar.

No me siento mejor que otros por haber obedecido. De hecho, ya he reconocido mis errores, que fueron muchos. Pero bendigo a Dios, que me iluminó para que eligiera atesorar Su voz por sobre todo lo demás; por lo tanto, no viajé y decidí obedecer quedándome en casa para fortalecer mi reciente matrimonio.

LA VOZ DE DIOS NO SIEMPRE NOS LLEVARÁ A DONDE QUISIÉRAMOS IR.

La voz de Dios

La voz de Dios no siempre nos llevará a donde quisiéramos ir, o al lugar de descanso que tanto deseamos, sino que a veces nos colocará en lugares que no son los más cómodos o placenteros, lugares que incomodarán nuestros sentidos pero que nos permitirán descubrir un deleite muy superior al sensorial: el placer de hacer la voluntad de Dios. Ese es el tesoro más valioso, que llena el corazón del ser humano como nada ni nadie más puede llenarlo.

La voluntad de Dios no se entiende en el ruido de los argumentos propios ni de las decisiones preconcebidas disfrazadas con versículos, que envuelven y maquillan los caprichos de nuestro corazón.

Es cierto que al pasar los años manteniéndonos como discípulos fieles al Maestro se agudiza en nosotros el discernimiento de la voluntad del Señor; pero no es con el mero pasar del tiempo, sino específicamente a medida que nos relacionamos con Él y con Su Palabra a lo largo de cada temporada de nuestra vida. Es necesario entender que el discernimiento se abastece a través de una relación sólida con la Palabra de Dios. No existe otra vía y, evidentemente, aumentar en años de supuesto cristianismo sin conexión con la Escritura no trae ningún beneficio. Nuestro corazón debe ser moldeado y afinado por Su Palabra. Solo así nos aseguraremos de tener una referencia confiable para contrastarla con nuestros pensamientos, y ser librados así de la influencia de nuestras rabietas o caprichos, y de cualquier otro engaño que pueda venir disfrazado de "Su voluntad". Quien disfraza sus propias ocurrencias, haciéndolas pasar por "la voluntad de Dios", seguramente es alguien que no se cultiva con la Palabra del Señor, y que no ha aprendido a oír Su voz.

Con amor y honestidad escribo estos dos párrafos a mis amados consiervos: en primer lugar, debemos saber que lamentablemente intentar pastorear a preciosos creyentes en Jesús que se rehúsan a prestar oído a las Palabras del mismo Maestro que los salvó, es como intentar dirigir un barco a través de las arenas del más árido desierto.

En segundo lugar —y lo digo con dolor pero con la intención de que no te sientas solo en esto— siguiendo la metáfora anterior, puedes estar seguro de que por muy grande y asombrosa que sea la embarcación, esta no surcará ningún mar, y los creyentes renuentes a la Palabra suelen culpar a la compañía de barcos e incluso, llegado el momento, cambian de barco, o al menos intentan reemplazarlo por otro.

Es triste, pero lo cierto es que cuando un creyente persiste en mostrar desinterés u objeción a la preciosa Palabra del Señor, también está sosteniéndose en la negativa de llegar a ser un verdadero discípulo de Jesús.

Oídos abiertos

Los creyentes en *Jesús-Salvador* suelen objetar a *Jesús-Maestro*, y esto les impide llegar a disfrutar el gozo de ser discípulos. El problema es que solo se puede alcanzar la vida de obediencia a *Jesús-Maestro* cuando logramos aprender a oír a Dios. Nadie puede llegar a ser discípulo si no está dispuesto a ser humilde, sometiendo su corazón a los preceptos de Su Palabra.

NO NOS CONVIERTE EN DISCÍPULOS EL ANDAR ENTRE LOS QUE SÍ LO SON.

El Salmo 19 dice:

> *"La ley del Señor es perfecta, que restaura el alma; El testimonio del Señor es seguro, que hace sabio al sencillo. Los preceptos del Señor son rectos, que alegran el corazón; El mandamiento del Señor es puro, que alumbra los ojos. El temor del Señor es limpio, que permanece para siempre; Los juicios del Señor son verdaderos, todos ellos justos; Deseables más que el oro; sí, más que mucho oro fino, Más dulces que la miel y que el destilar del panal. Además, Tu siervo es amonestado por ellos; En guardarlos hay gran recompensa" (Salmos 19:7-11, NBLA).*

Estos versículos son un retrato hablado de un discípulo de Jesús. Una descripción detallada de cómo es aquella persona que, debido a su cercanía con la Palabra, mantiene en alta estima el escuchar a Dios y obedecerlo. De acuerdo con este Salmo, aquel que tiene oído de discípulo y doblega su corazón a la Escritura experimenta los siguientes beneficios:

- Restauración del alma (v. 7a)
- Sabiduría a pesar de lo sencillo de mente que pueda ser el discípulo (v. 7b)
- Alegría en el corazón (v. 8a)
- Claridad para apreciar la vida (v. 8b)
- Guía para vivir en rectitud delante de Dios (v. 9a)
- Descansar en la justicia del Señor, que es más deseable que cualquier bien sobre la Tierra (vv. 9-10)
- Cuando se comete un fallo, pecado o error, es la misma Palabra la que le trae amonestación y corrección (v. 11a)
- Grandes recompensas lo esperan como efecto de la obediencia (v. 11b)

No nos convierte en discípulos el andar entre los que sí lo son. Puede resultarnos agradable convivir con discípulos, acompañarlos en sus desafíos cotidianos, visitarlos en sus congregaciones algún domingo, pero la realidad es que para ser un verdadero discípulo es indispensable oír la voz Jesús con el deseo de obedecerla. Entonces, y solo entonces, las bendiciones del Salmo 19 serán la realidad que caracterice nuestra vida.

En Juan 6:24 se describe una escena interesante:

> *"...cuando la gente vio que Jesús no estaba allí, ni tampoco Sus discípulos, subieron a las barcas y se fueron a Capernaúm <u>buscando a Jesús" (NBLA. Subrayado del autor).</u>*

¡Sin duda aquí había una búsqueda real! Había sinceridad en querer ubicar al Señor, en conocer su paradero y volver a encontrarse con Él. Pero ellos no alcanzaban a darse cuenta de que Jesús era mucho más que alguien que solamente los saciaría de pan. Como esa era su motivación (verse saciados físicamente, como se registra un poco antes, en Juan 6:1-14), el Maestro mismo los confrontó por su limitado entendimiento, e intentó llevarlos a una comprensión más profunda y a una relación más profunda con Él. ¡Y ese sigue siendo Su anhelo! Un anhelo que Él busca hacer visible a los miles de iglesias abarrotadas de creyentes que disfrutan los milagros y la provisión, pero que se rehúsan a ser discípulos. Tal como les dijo a los miles que lo siguieron en las barcas, ahora nos dice a nosotros:

ES PELIGROSO PARA LA IGLESIA DE HOY EN DÍA INCENTIVAR PROGRAMAS Y AMBIENTES QUE NOS LLEVEN A OBTENER COSAS EN EL NOMBRE DE JESÚS, PERO QUE NO NOS ACERQUEN A CONOCERLO MÁS A ÉL.

> *"No se preocupen tanto por las cosas que se echan a perder, tal como la comida. Pongan su energía en buscar la vida eterna que puede darles el Hijo del Hombre. Pues Dios Padre me ha dado su sello de aprobación.*
>
> *(…)*
>
> *Yo soy el pan de vida. El que viene a mí nunca volverá a tener hambre; el que cree en mí no tendrá sed jamás". (Juan 6:27, 35).*

Quienes son solo creyentes buscarán únicamente las manos de Jesús, que dan el pan terrenal; pero en el corazón de los discípulos crecen anhelos fervientes que van mucho más allá de los deseos de saciedad humana. Los discípulos anhelan al Pan de vida, y hacen de Él y de Sus palabras el alimento que les asegura las fuerzas para su diario vivir.

Creo que es peligroso para la Iglesia de hoy en día incentivar programas y ambientes que nos lleven a obtener cosas en el nombre de Jesús, pero que no nos acerquen a conocerlo más a Él. A los creyentes les atrae desmedidamente todo lo que Jesús hace (y si es a su favor, mejor). A los discípulos nos importa muchísimo más lo que Jesús dice.

Ahora, para evitar dejar una idea mal bosquejada, quiero aclarar este punto recordando el pasaje de Lucas 17:11-19, en el que se narra la historia de los diez leprosos a los que Jesús sanó. De ellos, solamente uno regresó para agradecerle y adorarle postrado. Cuando el Maestro lo vio, preguntó dónde estaban los otros nueve, ya que habían sido diez quienes habían recibido el milagro. De la misma manera, también hoy Jesús espera nuestro retorno a Sus pies.

A veces pienso qué habrá sucedido con aquellos nueve... Quizá regresaron a sus casas. Algunos habrán abrazado a sus padres y a sus hermanos. Tal vez algunos otros se reencontraron felizmente con sus esposas y sus hijos. ¡Estaban experimentando lo impensable, lo inesperado! ¡Era algo inexplicable y completamente increíble! Posiblemente otros se reencontraron con sus amigos, y tendrían sobre sí la atención de todos los vecinos. Algunos habrán retomado sus oficios, y en las sobremesas de todas las casas de sus conocidos se hablaría del gran milagro del que habían sido testigos.

Seguramente no negaban quién había hecho el milagro, ya que en el versículo 13 dice que los diez le gritaron: "*¡Jesús, Maestro, ten compasión de nosotros y sánanos!*" (TLA). Ellos no ignoraban quién los había sanado. No obstante, esos nueve no regresaron para agradecerle, y mucho menos para hacerse discípulos suyos. Sea cual sea la razón, lo cierto es que ellos decidieron no volver a Jesús. Se llevaron lo que les dio (su sanidad, un milagro y mucho gozo), pero no la cercanía de una amistad con Él, ni la sabiduría de Sus palabras para continuar la vida, para oírlo y conocerlo, para obedecerlo y servirlo.

Este es el cuadro de miles de personas en las iglesias de hoy en día. Celebran genuinamente lo que han recibido de Jesús, pero siguen sin conocerlo en verdad. Se alegran por lo que les da, pero no quieren recibir Sus palabras. Obtienen beneficios de Él, pero no quieren una relación más profunda con Él.

¡Es tiempo ahora de venir a Él! De postrarnos para escucharlo. Las historias de los que solo son creyentes no van más lejos que contar cómo obtuvieron beneficios para su vida. En cambio, las grandes historias de miles de hombres y mujeres que se han convertido discípulos comienzan relatando cómo Su Palabra los transformó.

El Salmo 95 describe perfectamente el corazón de los discípulos frente al corazón de los creyentes:

> *"Vengan, adoremos e inclinémonos. Arrodillémonos delante del Señor, nuestro creador, porque él es nuestro Dios. Somos el pueblo que él vigila, el rebaño a su cuidado. ¡Si tan solo escucharan hoy su voz! El Señor dice: «No endurezcan el corazón como lo hizo Israel en Meriba, como lo hizo el pueblo en el desierto de Masá. Allí sus antepasados me tentaron y pusieron a prueba mi paciencia, a pesar de haber visto todo lo que hice. Durante cuarenta años estuve enojado con ellos y dije: 'Son un pueblo cuyo corazón se aleja de mí; rehúsan hacer lo que les digo'. Así que en mi enojo juré: 'Ellos nunca entrarán en mi lugar de descanso'»" (Salmos 95:6-11. Subrayado del autor).*

El llamado al discípulo es: acércate, inclínate, arrodíllate ante tu Dios, el Creador, tu Pastor vigilante y amoroso, ¡el Gran Yo Soy, y Dios de todo lo creado!

Basándome en mi experiencia como pastor y en lo que leo en la Biblia, me atrevería a decir que la gran mayoría de las personas que reciben milagros no llegan a ver transformado su corazón. El pueblo de Israel vio milagro tras milagro desde su salida de Egipto y durante todo su tiempo en el desierto. Pero no les bastó con presenciar eventos sobrenaturales, como el mar partido en dos para dejarlos pasar, ni un milagro cada día, viendo la nube que los protegía, y otro milagro cada noche con la columna de fuego, ni el hecho de que su ropa y su calzado se resistieran al deterioro natural. Es triste escuchar al Señor lamentándose en el verso 9: *"a pesar de haber visto todo lo que hice"*. ¿Comprendes la importancia de no solo recibir milagros o bendiciones de parte de Dios, sino principalmente aprender a escuchar Su voz con un oído atento?

Así como los letreros en la carretera no son el destino, los milagros y las señales no deben ser un fin en sí mismos. Deben apuntar hacia el único destino que puede transformarnos: Jesús.

MUCHAS VECES NOS CUESTA OÍR A DIOS, PERO NO PORQUE ÉL NO HABLE. SINO PORQUE SIMPLEMENTE NO QUEREMOS ESCUCHARLO.

Cuando Dios exhibe Su amor y Su poder lo hace incondicionalmente. Jamás hace un milagro y luego envía una factura exigiendo el pago en dinero, o en horas de oración, limosnas a los necesitados, más horas de trabajo voluntario en la iglesia, visitas a los enfermos, ni nada semejante. ¡Él no pide nada a cambio! No obstante, seguramente llamará Su atención si nuestro corazón no es movido a preguntarse *"¿quién es este Dios de milagros y de amor incondicional?"*. Recuerda que Jesús no exigió que volvieran los leprosos que habían sido sanados, pero preguntó por ellos... En otras palabras, los esperaba.

Solo el oído de discípulo sabe escuchar esa expectativa en el silencio del Señor, en la ausencia de alguna demanda de que se pague el milagro recibido. Esto es así porque quien regrese deseando conocer al Hacedor de milagros y no solo Sus obras, comenzará a tener hambre y sed de profundizar más su relación con Él... y es precisamente allí donde los discípulos emprenden el camino de seguir Su Maestro.

Quisiera invitarte a notar una cosa más antes de terminar este capítulo: el versículo 10 del Salmo 95 revela lo que ocurre en el corazón de Dios cuando Su pueblo ignora Su voz. Leámoslo juntos nuevamente:

> *"Durante cuarenta años estuve enojado con ellos y dije: «Son un pueblo cuyo corazón se aleja de mí; rehúsan hacer lo que les digo». Así que en mi enojo juré: «Ellos nunca entrarán en mi lugar de descanso»".*

Es cierto que si nos limitáramos a considerar este versículo aislado daríamos mayor peso al enojo del que se habla, pero si consideramos el contexto más amplio de todo el andar de Israel en el desierto, y las referencias que Dios mismo hace sobre el tema a lo largo de la Escritura, comprenderemos que lo que sucedió es a Dios *le dolió* la distancia del corazón de Su pueblo reflejada en la renuencia a seguir instrucciones.

ESCUCHAR A DIOS ES UN ACTO DE HUMILDAD DE PARTE TUYA, Y HABLARTE ES UN ACTO DE AMOR DE PARTE SUYA.

Quienes se quedaron dando vueltas durante cuarenta años en el desierto eran creyentes. Ellos creían en Dios, no les era ajeno, y fueron testigos de Su poder múltiples veces, pero se rehusaron a convertirse en discípulos cuando decidieron no prestar su oído a las palabras del Señor.

¿Por qué me cuesta oír a Dios?

¿Recuerdas la historia que conté al inicio del capítulo? Podría resumirse así: Yo *realmente deseaba* ir a Rusia, así que mi corazón luchaba entre querer oír a Dios y querer seguir mis deseos... con lo cual, ¡me cerraba a escucharlo!

Muchas veces nos cuesta oír a Dios, pero no porque Él no hable. Tampoco porque haya que atravesar ritos y procesos espirituales para oírlo, sino porque simplemente no queremos escucharlo. Afinar el oído como discípulos comienza cuando nos determinamos a escucharlo a Él y no a nosotros mismos.

Hay un versículo que me gusta mucho, porque me consuela a la vez que me desafía:

> *"Esas cosas les sucedieron a ellos como ejemplo para nosotros. Se pusieron por escrito para que nos sirvieran de advertencia a los que vivimos en el fin de los tiempos" (1 Corintios 10:11).*

¡Por favor, atesora esto en tu corazón! ¡Tú y yo no tenemos por qué pasar cuarenta años en el desierto a causa de la obstinación! Está en nosotros el entender que nuestro gran llamado, como pastores y como discípulos, es *a inclinar el oído para escuchar la voz de Dios*, antes que a emprender cualquier cosa en Su nombre. Puedo asegurarte, por mi experiencia y por la Escritura, que si aprendes a vivir así te evitarás incontables sinsabores, y disfrutarás del fruto de la instrucción de Dios, tu Padre amoroso que desea y trabaja para que tengas una vida plena, andando con Él. Escuchar a Dios es un acto de humildad de parte tuya, y hablarte es un acto de amor de parte Suya. Al hablarte Él puede guiarte, así como también advertirte de riesgos y problemas, de manera que con tu obediencia no solo lo honrarás, sino que asegurarás también días gloriosos para ti y para los tuyos.

En Proverbios 6:22-23 se describen las bendiciones que vienen por saber apreciar las instrucciones de un padre amoroso. Las palabras del Señor…

- *te guiarán* cuando andes,
- *te guardarán* cuando duermas,
- *te orientarán* cuando despiertes.

Y además:

- Al atender sus mandatos *tendrás una lámpara en medio de las tinieblas.*
- El atender Sus enseñanzas *traerá claridad y luz* a tu mirada.
- Al atender Sus reprensiones *te asegurarás un camino de vida.*

¡Decide hoy postrarte ante Él! Busca afinar tu oído para escuchar Su voz, y que todos tus planes se entreguen en un acto de rendición ante lo que Él te diga. Esa es la manera en que comenzamos a ser mudados de creyentes a discípulos. Y qué hermoso será cuando el Señor pueda referirse a nosotros con estas palabras:

> *"...benditos los ojos de ustedes, porque ven; y sus oídos, porque oyen" (Mateo 13:16).*

Capítulo IX: Oído de discípulo

1. ¿Cómo puedes afinar tu oído para escuchar la voz de Dios con mayor claridad?

2. ¿Qué pasos puedes tomar para obedecer a Dios incluso cuando Su voluntad no coincide con tus deseos?

3. ¿Cómo puedes asegurarte de que tus decisiones estén basadas en la Palabra de Dios y no en tus emociones?

4. ¿Qué significa para ti tener un corazón humilde y dispuesto a escuchar a Dios?

5. ¿Cómo puedes ayudar a otros a desarrollar un oído de discípulo para seguir a Jesús?

CAPÍTULO X

Orfa y Rut

Desde que era niño hasta el día de hoy he podido observar el comportamiento de cientos de personas en el momento en que reconocieron a Jesús como su Salvador. Todas lo hicieron con entusiasmo.

También he atestiguado que, con el paso del tiempo, muchos se convirtieron en personas comprometidas y ejemplares, mientras que otros se estancaron, sin mostrar ninguna señal de pasión o compromiso por Jesús. Sencillamente el señorío de Cristo no se alcanza a ver en su forma de vivir.

Algunas personas, de la visible mediocridad saltaron a una vida que genuinamente concuerda con las enseñanzas bíblicas. Otras, por el contrario, perdieron el rumbo en su caminar de fe, y sus vidas entraron en sepulcros, porque abandonaron la pasión que en un primer momento habían sentido. Incluso algunos de ellos, cuando ven a otros expresar su devoción al Señor, los convierten en su blanco de críticas, o hacen bromas que revelan la amargura que tienen en su interior.

CADA UNO DE NOSOTROS ES EL RESPONSABLE DEL DESARROLLO DE UNA VIDA VICTORIOSA O UNA VIDA DERROTADA.

Lo que está claro es que un avivamiento, un despertar del corazón, está al alcance de cualquier persona, si tan solo decide disponerse a oír la voz del Señor, es decir, si se esfuerza por desarrollar el oído de discípulo del que hablamos en páginas anteriores.

Insisto en este tema porque he comprobado, tanto a partir de la lectura de la Palabra como en mis observaciones como pastor, que la decisión de atender a la voz del Señor o rechazarla determina de manera drástica si nuestros corazones se debilitarán y se arruinarán, o no. De esta manera me queda claro, y deseo que sea claro para ti también, que cada uno de nosotros es el responsable del desarrollo de una vida victoriosa o una vida derrotada. No debemos hacer responsable a nadie de nuestra determinación de ser o no ser cada día más como Jesús. Y es urgente entender que el progreso de nuestro caminar en Cristo está ligado, no parcialmente sino de manera absoluta, a nuestro deseo de oír Su voz y caminar en Su Palabra. Este progreso es medible, ya que tiene comprobación en nuestro diario vivir. La renovación de la mente que comienza a pensar más como Jesús no queda en secreto, sino que se hace notoria en sus decisiones, en sus elecciones, y en su deseo de perseguir toda forma de virtud en su andar diario. Dicho de otro modo, cuando nos esforzamos por oír la voz del Señor y por obedecer Su Palabra, comenzamos a actuar como Jesús lo haría.

Los que lloran pero no van

El primer capítulo del libro de Rut cuenta una historia triste. Noemí era una mujer que al inicio de la narrativa tenía un esposo trabajador y dos hijos. Atendiendo un poco al contexto, vemos que esta familia se había mudado a una nación distitna a la suya, casi seguramente por cuestiones laborales. En esta nueva estación de su vida, el esposo muere, y un tiempo después Noemí ve casarse a los dos hijos con los que se había quedado. Sin embargo, ellos también morirán en poco tiempo. En cuestión de diez años, Noemí quedó viuda y sin hijos, en una nación que no era la suya. No es un secreto el gran dolor que atravesó. La misma Biblia lo cuenta.

Encontrándose en esta condición, Noemí decidió regresar a su tierra de origen, Belén de Judá. Sus dos nueras viudas, Orfa y Rut, la amaban tanto que querían ir tras ella, dejando ahora ellas mismas su propia nación. Cuando Noemí vio lo que pensaban hacer, respondió negativamente, explicándoles sus argumentos: ellas dos eran jóvenes y si regresaban a casa de sus padres podrían reiniciar sus vidas, salvándose de quedarse como viudas y, por lo tanto, desprovistas y a la deriva.

El primer esfuerzo por despedirse culminó de la siguiente manera:

> *Entonces les dio un beso de despedida y todas se echaron a llorar desconsoladas" (Rut 1:9b).*

Y en el versículo 14, la despedida final culminó así:

> *"Entonces volvieron a llorar juntas...".*

¡Es evidente el aprecio profundo y sincero que estas dos jóvenes viudas tenían por su suegra, Noemí! Sin embargo, la historia comenzó a tomar otro rumbo en la segunda parte del versículo 14:

> *"...y Orfa se despidió de su suegra con un beso, pero Rut se aferró con firmeza a Noemí"..*

Poco después, en el versículo 15, Noemí, ya a solas con Rut, intentó hacerle ver a su nuera cómo Orfa había tomado la decisión cabal de regresar a su pueblo y a sus dioses. Queriendo hacerla entrar en razón, Noemí animó a Rut a seguir los pasos de su concuñada, regresando a un lugar de mayor estabilidad para ella, donde pudiera procurarse un futuro mejor. Ante este último intento de Noemí, la respuesta decidida de parte de Rut no se dejó esperar:

> *"Pero Rut respondió: —No me pidas que te deje y regrese a mi pueblo. A donde tú vayas, yo iré; dondequiera que tú vivas, yo viviré. Tu pueblo será mi pueblo, y tu Dios será mi Dios. Donde tú mueras, allí moriré y allí me enterrarán. ¡Que el SEÑOR me castigue severamente si permito que algo nos separe, aparte de la muerte!" (Rut 1:16-17).*

Orfa, al igual que Rut, había estado su suegra, acompañándola con un profundo afecto y sufriendo el luto a su lado, pero llegado el momento decidió regresar a la casa de su padre y a las costumbres de su pueblo. Ella eligió quedarse en un lugar en el que con sus fuerzas pudiera salir adelante, y también eligió a sus dioses moabitas. No es una crítica lo que planteo aquí, porque no es poca cosa lo que vivieron estas tres mujeres. Pero tampoco debemos ignorar que Orfa conoció al Dios de Israel por la influencia de la familia de Noemí, y su regreso a la casa de su padre no implicaba solo una recuperación emocional, o un nuevo punto de partida para su vida, sino una vuelta atrás en lo referido a su fe.

Creo que esta historia ilustra muy bien lo que sucede en el corazón de aquellos creyentes en Jesús que no están dispuestos a profundizar en su relación con Cristo. Cuando tienen delante de sí la oportunidad de renunciar al arraigo a costumbres familiares, y al apego a personas y creencias que se han convertido en ídolos que compiten con la voz del Señor, se niegan a dar el siguiente paso. Cuando se encuentran frente a esta disyuntiva, ven su afecto dividido entre la voluntad de Dios y las formas de vida y de ver las cosas que tiene mundo, y no se animan a tomar la decisión de ser radicales.

Los creyentes que son como Orfa sienten gratitud por haber sido salvos, y constantemente tiene intenciones de consagración. Las lágrimas que fluyen de sus ojos son sinceras, y ellos se llenan el corazón y los labios con promesas bienintencionadas, las cuales realmente quisieran alcanzar a cumplir, pero que en su mayoría serán llevadas por el viento. Esto es así porque, sin importar cuán loables sean sus intenciones, ellos terminarán gobernados una y otra vez por su tierra y por sus ídolos. Serán incapaces de renunciar a lo que poseen, pues eso es lo que más aprecian. Quienes son como Orfa viven en el terreno de lo seguro, lo permanente, lo suave, lo cómodo. No les gusta que nada violente sus almas, ni siquiera la pasión de ir en pos de la voluntad de Dios y trabajar para el engrandecimiento de Su Reino. Esto se verá reflejado en sus elecciones. Aunque lleguen a estar frente a la posibilidad de entregarse de verdad, y aunque atraviesen como Orfa momentos de llanto y afectos a flor de piel, finalmente retornarán a donde puedan conservarse seguros y sin riesgo.

El creyente que vemos representado en Orfa se caracteriza por una "fe" basada en sesiones dominicales y algunas ofrendas, pero todavía sigue distanciado del profundo compromiso que demanda ser un verdadero discípulo. En el fondo de su corazón, Jesús, el Salvador de su alma, es a la vez el enemigo de sus deseos y posesiones terrenales, porque este creyente aún conserva una alianza con los ídolos con los que ha convivido toda su vida, y que no está dispuesto a dejar por mucho afecto que pueda sentir por el Salvador.

UN CORAZÓN ENTREGADO SIN RESERVAS AL SEÑOR ES LA CONDICIÓN FUNDAMENTAL PARA LLEGAR A SER VERDADEROS DISCÍPULOS DE CRISTO.

Así como los filisteos pusieron el arca del pacto en el mismo santuario de su dios Dagón, estos creyentes tibios quieren llevar a Cristo a convivir con aquellos dioses a los que no quieren renunciar. Los filisteos no fueron capaces de entender la gloria del Dios en el arca, y lo igualaron a su dios Dagón. Al otro día lo encontraron derribado en tierra, pero persistieron y lo tomaron, volviéndolo a su lugar. A la mañana del tercer día, su dios estaba mutilado y solo quedaba el tronco; su cabeza y sus manos habían sido desprendidas. ¡Así de necio es el corazón que pretende seguir a Cristo pero sin abandonar su vida y sus "dioses" pasados! El corazón que prefiere su tierra y su parentela, sus tradiciones y sus afectos, y no se decide a soltarlos para seguir al Señor.

Cuando esta es la tendencia del corazón, los creyentes ven como innecesarias la devoción a Cristo, las disciplinas espirituales, y la sujeción a la autoridad de la Palabra, porque tienen en su corazón otras pasiones que hacen que Jesús no sea bienvenido como Señor.

Hermanos, tengamos siempre presente que un corazón entregado sin reservas al Señor es la condición fundamental para llegar a ser verdaderos discípulos de Cristo.

La pandilla mediocre

Los corazones que son como el de Orfa no siempre se evidencian desde afuera con un retorno evidente a dioses paganos. Esta condición del corazón tiene diversos matices, aunque todos guardan la misma esencia. Considero importante analizar estos diferentes matices para que podamos estar alertas nuestra vida personal, y para que podamos, como pastores, ayudar a nuestras congregaciones a tomar firmeza y valor para alejarse de cada uno de ellos:

a) El hombre rico:

> *"Cuando Jesús salía para irse, vino un hombre corriendo, y arrodillándose delante de Él, le preguntó: «Maestro bueno, ¿qué haré para heredar la vida eterna?». Jesús le respondió: «¿Por qué me llamas bueno? Nadie es bueno, sino solo uno, Dios. Tú sabes los mandamientos: "No mates, no cometas adulterio, no hurtes, no des falso testimonio, no defraudes, honra a tu padre y a tu madre"».*
>
> *«Maestro, todo esto lo he guardado desde mi juventud», dijo el hombre. Jesús, mirándolo, lo amó y le dijo: «Una cosa te falta: ve y vende cuanto tienes y da a los pobres, y tendrás tesoro en el cielo; entonces vienes y me sigues». Pero él, afligido*

por estas palabras, se fue triste, porque era dueño de muchos bienes" (Marcos 10:17-22, NBLA).

Cuando Jesús le dijo que le faltaba solo una cosa (¡¿Puedes creerlo?! ¡Solo una cosa!), este hombre se entristeció y se alejó, porque eso era más de lo que estaba dispuesto a entregar. ¿No era ya suficiente con todo lo demás? ¡¿Por qué tenía que pedirle justo eso?!

Recordemos que este era un hombre virtuoso, y hasta podría decirse "espiritual", porque el texto nos cuenta que había cumplido los mandamientos al pie de la letra desde su juventud. Algunos de esos mandamientos eran demasiado pesados para la mayoría de las personas, pero él había podido con todo. Claro... seguramente tocaban áreas que no dominaban su corazón; mas cuando Jesús apuntó hacia su verdadero amor, las riquezas, este hombre se hundió en un profundo dolor, porque justamente esa era un área que él no estaba dispuesto a dejar.

b) Judas y los otros once:

En Juan 12:3-8 se cuenta la historia de María, una mujer agradecida con Jesús, que en un acto de adoración derramó sobre Sus pies un perfume costosísimo (¡el salario promedio de casi un año de trabajo!). Cuando los doce vieron este hecho lo consideraron un desperdicio, y hasta se atrevieron a dar su opinión diciendo que la adoración extravagante de esta mujer había sido un gesto desatinado e innecesario. En el fondo, sin darse cuenta por lo nublado de sus corazones, ellos estaban diciendo que Jesús no era lo suficientemente digno de esta expresión de adoración (sin contar además su ceguera respecto del acto profético que se estaba desarrollando ante sus ojos).

Judas y los demás opinaron insensatamente sobre cómo debía usarse una ofrenda que ellos mismos no estaban dando.

Semejante actitud es característica de los corazones como los que estamos analizando. No solo no dan la honra debida a Su nombre, sino que tampoco aprueban que los demás vayan más lejos que ellos. En esta historia, los doce mostraron una incomprensión de los principios espirituales al proponer la idea de que ayudar a los pobres tenía prioridad por sobre la adoración al Señor.

Quiero dejar claro que estoy hablando, en este contexto, del principio de que el Señor siempre debe ser lo más importante en nuestras vidas, y no estoy justificando para nada el dejar de lado el deber que todos tenemos de cuidado hacia el prójimo. Simplemente, amar y honrar a Dios es el primer mandamiento, y amar a nuestro prójimo es el segundo.

Los creyentes que tienen un corazón parecido al de Orfa no tienen las prioridades ordenadas correctamente, y por lo tanto son incapaces de comprender la adoración en espíritu y verdad.

c) Las tribus de Israel:

Sabiendo que Dios había ordenado subir a la ciudad de Jerusalén, la cual había sido elegida por el Señor como epicentro para la adoración, ellos aceptaron la propuesta engañosa de su rey Jeroboam para evitar el desgaste que implicaba trasladarse hasta la capital. Así, la tibieza tocó a la puerta de sus corazones, y ellos la abrieron de par en par sin vergüenza alguna, aceptando como sus dioses los becerros de oro en Dan y Betel:

> *"Además, Jeroboam construyó edificios en el mismo sitio de los santuarios paganos y consagró sacerdotes de entre la gente común, es decir, personas que no pertenecían a la tribu sacerdotal de Leví. También instituyó un festival religioso en Betel, que se celebraba el día quince del octavo mes, y que era una*

> *imitación del Festival de las Enramadas en Judá..." (1 Reyes 12:31-32).*

Veamos el versículo 33 en la versión RVR60:

> *"Sacrificó, pues, sobre el altar que él había hecho en Bet-el, a los quince días del mes octavo, el mes que él había inventado de su propio corazón..."*

Para los creyentes sin aspiración alguna de convertirse en verdaderos discípulos, la oferta de la imitación siempre es bienvenida, ¡e incluso diría que hasta buscada! A un corazón como el de Orfa y como el de estas tribus, le resulta innecesario ofrecer conforme a lo que Dios ha señalado. Con dar algo que a ellos les deje felices es suficiente, sin importar si el Señor lo acepta o no. Sienten que han cumplido y no están dispuestos a entrar en debate sobre el tema. No le ofrecen al Señor verdadera adoración. Más bien ofrecen paliativos para su conciencia, autoconvenciéndose de lo bien que lo han hecho. Para ellos, la imitación es bienvenida porque les ahorra el compromiso extremo y promueve la obediencia parcial, que es una de las armas favoritas del diablo para alejarnos de tener una relación profunda con Dios. Sin embargo, en el altar de Dios lo único que se acepta es lo genuino, lo que es conforme a los principios y preceptos del Señor.

En la actualidad vivimos días parecidos a los de Jeroboam y las doce tribus. Por todas partes vemos púlpitos y programas eclesiales en los que se evita la formación profunda, esa que demanda disciplina, abnegación y obediencia. Si eres pastor como yo, o si estás involucrado de alguna forma en la tarea de guiar y formar ovejas, entenderás que hoy, como nunca antes, necesitamos poner nuestra mirada en Jesús, el Príncipe de los pastores. Debemos trabajar enfocados en guiar a las ovejas conforme a principios bíblicos, pues solo así tendremos la satisfacción de ver a Cristo formado en sus corazones.

Por supuesto que en el camino hallaremos luchas y dificultades, porque la tarea amorosa de formación de discípulos muchas veces incluirá oraciones con lágrimas, desvelos y sufrimientos. Pero jamás debemos olvidar nuestro llamamiento ni perder el enfoque, que debe estar puesto en formar vidas que descubran cada día más Jesús y que se parezcan más y más a Él.

Dicho sea de paso, también debemos ser cuidadosos en vigilar que aquellos que nos acompañan y nos ayudan con las labores pastorales tengan también como prioridad el formar corazones y no el entretener creyentes.

¡Joven pastor, te suplico que no te vendas al espíritu de esta época, sino que te mantengas enfocado en tu vocación pastoral, y alimentándote cada día con la Palabra de Dios! El Espíritu Santo, como hasta ahora, será tu sostén. No te fíes ciegamente de tácticas, modas o influencias temporales que hayan aparecido con tu generación. Busca discernir lo bueno de lo malo, y sigue siempre buscando oír Su voz por sobre todas las demás voces.

Hoy estamos siendo testigos de un tiempo en el que muchos pastores se desgastan tratando de agradar a la grey con una narrativa muy parecida a la de Jeroboam. Si algo es "muy complicado", tratan de bajarlo a un nivel que le resulte más fácil de alcanzar a la mayoría de las personas, sin importar si eso es lo que Dios pide o no. El problema es que cuando te enfocas en agradar al pueblo, en bajar los estándares bíblicos, y en aggiornar lo "antiguo", corres el riesgo de silenciar la autoridad que debería tener la Palabra de Dios y Su voz en tu corazón.

Lo que vendrá como efecto colateral es pastorear enajenados. Llegaremos a cuidar tanto el "no molestar" o "no incomodar" a la grey, que avalaremos que anden por caminos equivocados, aunque estos los lleven a la perdición. Por supuesto, no estoy promoviendo el acusar duramente ni el herir con nuestras palabras a las ovejas confundidas y extraviadas, sino que nos estoy animando a que practiquemos la verdad en amor.

¡Le pido al Espíritu Santo que nos dé una unción fresca de sabiduría y valentía para no comprometer nuestras tareas pastorales, sino más bien para dignificarlas como nunca antes!

La obsesión de Jeroboam por no perder su "membresía", su influencia y su poder, lo extravió. Fue en ese punto que mordió el anzuelo y ofreció los becerros de oro, todo para mantener un "rating", una cantidad sustanciosa de seguidores, y menos problemas entre el pueblo.

Como pastores, no necesitaríamos demasiada promoción para que los altares con becerros de oro fueran exitosos. Verterse en esos altares es algo que desean aquellos creyentes con corazón de Orfa. Sin embargo, dar ese paso nos llevaría a traicionar la esencia de lo que es formar discípulos. Porque si reemplazamos la honorable Palabra de Dios por un sustituto barato, por un mensaje que no incomode a los que prefieren quedarse en su tierra y con sus dioses, entonces nunca podremos formar discípulos verdaderos.

DIOS NOS PIDE TODO, Y SI NO ESTAMOS DISPUESTOS A DARLE TODO, ENTONCES ÉL NO QUIERE NADA.

Quiero que quede claro que no escribo estas líneas desde una "cima ministerial" sin mancha, sino desde el campo de batalla, donde me encuentro junto a ti. Sé muy bien que no estoy excento de caer en la tentación; todos estamos expuestos a ella. Y sé que hay situaciones que se prestan para elegir no incomodar, no asustar, o no cansar a nuestros congregantes, y si cedemos ante estas situaciones, eventualmente vamos a ofrecerles Dan y Betel, diciéndoles que en realidad no es tan importante ir a Jerusalén...

Un ejemplo muy actual es la tendencia a aceptar que las ovejas sean ovejas "virtuales" o "eventuales". La presión de esta época en la que todo el mundo está tan cansado y estresado es a ser tolerantes, y como pretendemos ser "buenos pastores", buscaremos no aumentar su estrés personal, y comenzaremos a aceptar que la comunidad eclesial sea algo "optativo", alejando así a la gente de las verdades bíblicas y de un compromiso genuino con Jesús y con su Iglesia.

Queridos consiervos: si llegamos a actuar de esta manera estaremos promoviendo la filosofía de darle a Dios "lo que puedo", "lo que me sobra", porque "Él entiende" y "Él ve el corazón y no las acciones". Si llegamos a actuar así estaremos educando a las ovejas para que sean como aquellos hombres ricos que en el templo ofrendaban de sus sobras, y no como la viuda que lo entregó todo.

Como decía nuestro amado hermano Wayne Myers, no es una entrega real la que se ofrece en pequeñas y cómodas cuotas. Dios nos pide todo, y si no estamos dispuestos a darle todo, entonces Él no quiere nada. Quienes conocimos a ese gran hombre de Dios sabemos que esa no era solo una buena frase de consejería pastoral, sino la descripción de su vida y su ministerio junto a su esposa Martha. ¡Que el Señor nos conceda la claridad de pensamiento y la fortaleza para imitar a personas como Wayne y Martha Myers, de manera que jamás aceptemos lo frívolo ni las "consagraciones" a precio de oferta como sustituto de una entrega genuina y completa a Dios!

Capítulo X: Orfa y Rut

1. ¿Qué cosas en tu vida necesitas dejar atrás para seguir a Jesús con todo tu corazón?

2. ¿Cómo puedes evitar ser como Orfa y comprometerte completamente como Rut?

3. ¿Qué significa para ti avanzar a pesar de las lágrimas y confiar en el plan de Dios?

4. ¿Cómo puedes mantener tu fe y determinación incluso en medio de la incertidumbre?

5. ¿Qué pasos concretos puedes tomar para vivir una vida de fe y obediencia como Rut?

CAPÍTULO XI

Avanzando a pesar de las lágrimas

Como casi siempre ocurre, el llegar al final de una predicación es una tarea difícil para todo pastor. Sé que mis queridos consiervos pueden confirmar esta situación que todos vivimos, sobre todo cuando sentimos los minutos finales presionándonos. Resulta difícil no caer en la tentación de ponernos a divagar sobre otros veinte subtemas que pudieran ser de bendición para los oyentes, y esto sucede porque sinceramente no queremos dejar fuera nada que pudiera ser valioso para los corazones que tenemos frente a nosotros y que nos escuchan atentos.

Sin embargo, no es mi intención concluir la "predicación" escrita en este libro con un análisis exhaustivo de nuevos puntos relacionados con lo ya dicho. Prefiero que nos concentremos en revisar juntos, sin prisa, algunos aspectos importantes de la historia que comenzamos a analizar en el capítulo anterior. Estoy convencido de que si aplicamos los principios que de ella se desprenden, recibiremos un gran impulso en nuestro propio caminar como discípulos de Jesús, así como también en nuestra tarea de formar discípulos en las congregaciones que cada uno de nosotros preside.

Cuando digo que no pretendo hacer un análisis exhaustivo me refiero a que no tengo la intención de pronunciar "la última palabra" sobre este tema. Lo que sí tengo es una gran inquietud por resaltar algunas enseñanzas que son de gran peso para mi corazón. Esta carga tiene una razón, y es que a lo largo del tiempo me he percatado de que la historia de Noemí, Orfa y Rut, resulta poco explorada, a pesar de que en ella encontramos tesoros profundos que pueden dar vida, valor y virtud al discípulo. Retomemos juntos, entonces, la historia...

Cuando Noemí le propuso a Rut, su nuera, que regresara a su pueblo y a sus dioses al igual que Orfa, ella recibió esta respuesta:

> *"...No me pidas que te deje y regrese a mi pueblo. A donde tú vayas, yo iré; dondequiera que tú vivas, yo viviré. Tu pueblo será mi pueblo, y tu Dios será mi Dios. Donde tú mueras, allí moriré y allí me enterrarán. ¡Que el Señor me castigue severamente si permito que algo nos separe, aparte de la muerte!" (Rut 1:16-17).*

¿Estás de acuerdo conmigo en que es una respuesta muy intensa y radical? Rut está poniendo aquí su futuro en manos de Noemí (unas manos no muy prometedoras, dada su condición), y es tan fuerte su decisión que ella deja en claro que no habrá reclamos pase lo que pase. Rut incluso invoca a Dios como testigo y garante, si es que ella faltara a su palabra.

Estas palabras tan extremas, "A donde vayas, a donde vivas, a quien elijas, a quien adores, donde mueras, donde te entierren, allí estaré yo", tienen tanto peso que a menudo se utilizan en las bodas para la declaración de amor entre los cónyuges. No son palabras que simplemente suenan bonito. Fuera de contexto podemos verlas como algo tierno y bello, y a la luz del romance pueden verse como cargadas de buenos deseos de momentos compartidos, y de un amor profundo y duradero. Pero en su contexto original fueron pronunciadas por una mujer que, a pesar de su luto y de las desventajas en las que se hallaba, comprometió su corazón en medio de las lágrimas. Rut estaba abandonando su lugar de origen y su familia, y renunciando a posibles oportunidades de "rehacer" su vida, todo por no alejarse de su suegra y del Dios que había conocido a través de ella. Rut estaba decidida a avanzar hacia adelante sin mirar atrás. Era tal su determinación, que la Biblia registra la siguiente frase:

> *"Cuando Noemí vio que Rut estaba decidida a irse con ella, no insistió más" (Rut 1:18).*

Nuevamente: resoluciones. Rut nos muestra que tenía un corazón decidido, no arrebatado ni inconstante. Habiendo evaluado las opciones, ella decidió trasladarse a un nuevo lugar y a una nueva estación de su vida, sin tener añoranzas atrapadas en el alma por lo que dejaba tras de sí. Y por más que Noemí intentó procurar un futuro diferente para Rut, todo su esfuerzo fue vano: la decisión ya estaba tomada, y había venido de un corazón consciente y resuelto.

Rut no estaba considerando pasar con Noemí unos "meses de prueba" para después tomar una decisión final. Cuando la vemos en esta escena, ella seguramente ya ha meditado, y ha puesto en la balanza las implicaciones de abandonar su tierra y sus dioses. No está decidiendo intempestivamente ni a la ligera. Ha tomado una resolución: avanzar a pesar de las lágrimas.

UNA VIDA QUE SE OFRECE COMO OFRENDA AL SEÑOR DEBE OFRECERSE COMPLETA, SIN CONDICIONES, Y SIN MIRAR ATRÁS.

Si hacemos un paralelismo entre esta historia y nuestro andar con Jesús, deberíamos comprender que la consagración de nuestra vida al Señor y a su causa no es un contrato temporal ni "a prueba", ni tampoco es una promesa hecha a la ligera de la cual podamos deshacernos cuando las cosas se compliquen. Una vida que se ofrece como ofrenda al Señor debe ofrecerse completa, sin condiciones, y sin mirar atrás.

En nuestro caminar con Jesús tampoco existe la posibilidad de inventar reglas o condiciones propias. Y no tiene sentido comprometernos para luego desgastarnos intentando esquivar las responsabilidades que vienen incluidas en el paquete de ser un discípulo. El Camino es Él, no nosotros. La Puerta es Él, no nosotros. Lo que está en nuestras manos es decidir ir tras Él, o negarnos a hacerlo. Pero no podemos elegirlo como Camino y luego tratar de cambiar la trayectoria o las condiciones del viaje.

Una cuestión de prioridades

Hay dos personajes que aparecen anónimamente en el Evangelio de Lucas y que son un ejemplo de aquellos corazones que desean seguir a Jesús pero que no se resuelven a convertirlo en la más alta de sus prioridades. Al narrar sus historias, sufro al recordar que estos hombres, cuyas decisiones quedaron registradas en las Escrituras, no son personajes de alguna parábola sino hombres de carne y hueso que bien podríamos ser tú o yo. El fragmento que leeremos a continuación no es una profecía que necesite ser interpretada, ni contiene simbolismos difíciles de desentrañar. Son simplemente las historias de vida de dos personas que tuvieron la virtud de desear seguir a Jesús, pero que permitieron que otras cosas tomaran el primer lugar y, por lo tanto, se perdieron la maravillosa oportunidad de ir tras el Maestro:

> *"A otro le dijo: «Ven tras Mí». Pero él contestó: «Señor, permíteme que vaya primero a enterrar a mi padre». «Deja que los muertos entierren a sus muertos», le respondió Jesús; «pero tú, ve y anuncia por todas partes el reino de Dios».*
>
> *También otro dijo: «Te seguiré, Señor; pero primero permíteme despedirme de los de mi casa». Pero Jesús le dijo: «Nadie, que después de poner la mano en el arado mira atrás, es apto para el reino de Dios»". (Lucas 9:59-62, NBLA. Subrayado del autor).*

El anhelo de estos hombres de seguir a Jesús era válido, pero la condición que querían poner era incompatible con el llamado del Maestro. Jesús no los reprueba después de escuchar sus respuestas, pero, tanto al que invita a seguirlo como al que se ofrece voluntariamente, los corrige en su concepción de las prioridades, porque entiende que han colocado a sus familias en un nivel de prioridad superior al que están dispuestos a darle a Él.

Algunos teólogos creen que el que pidió primero sepultar a su padre no es que literalmente estuviera en medio del proceso del sepelio, sino que más bien estaba planteando esperar hasta la muerte de su padre y entonces (y solo entonces) seguir al Señor. El otro, por su parte, pretendía seguirlo pero no sin despedirse antes de los de su casa.

Jesús no se enoja con ellos, pero los lleva amorosamente a entender que Él no puede quedarse esperando para saber si finalmente se convencieron de seguirlo o no, como tampoco puede esperar hoy en día a que nosotros nos sintamos cómodos o confiados para hacerlo. ¡Es necesario saber que estos principios siguen aplicando en nuestros días para cada uno de nosotros!

PARA SEGUIR A JESÚS HACE FALTA UN EQUIPAJE LIGERO

Ahora bien, Jesús no estaba promoviendo la insensibilidad o el descuido hacia aquellos a quienes amamos. Lo que muestra esta historia es lo débil que es nuestro corazón para cambiar de opinión al exponemos a escenarios que tienen el poder para confundir nuestras prioridades y alejarnos de la obediencia inmediata a Su voz.

A estos dos hombres Jesús les respondió de maneras contundentes. Y es que debemos entender que un "Sígueme" de Jesús trae consigo la necesidad de anular, o al menos suspender, muchos aspectos que antes creíamos importantes en nuestra vida. Requiere comprender que, como efecto secundario, seguirlo a Él nos llevará a que ya no podamos ocuparnos de asuntos que antes eran nuestro deseo o nuestra responsabilidad. Y aquí estamos hablando de asuntos que no necesariamente sean nocivos o pecaminosos en esencia, pero que pueden llegar a competir en nuestro interior por el primer lugar en nuestro corazón.

Para seguir a Jesús hace falta un equipaje ligero, pues al ocuparnos de Sus prioridades como corresponde a un discípulo verdadero, se volverá inevitable que dejemos de lado otras actividades, responsabilidades y afanes. Si nos empecinamos en seguir a Jesús sin soltar todo lo demás, inevitablemente en algún momento llegará a nuestro corazón la tentación de mirar atrás, considerando la posibilidad de retornar al lugar que ya no nos conviene, o intentando despedirnos, dar un último vistazo, abrazar una vez más para no añorar tanto en el camino. El problema cuando esto ocurre es que entramos en un terreno que tiene el potencial de desviarnos hasta que, sin quererlo, coloquemos a Jesús en un sitio más bajo en nuestra lista de prioridades, y todo por aferrar nuestro corazón a aquellos lugares, ambientes y personas que significaron tanto para nosotros en el pasado que sentimos que se nos parte el corazón si las dejamos atrás o les restamos importancia en nuestra vida.

UN VERDADERO DISCÍPULO CAMINA FIRME Y SIN MIRAR ATRÁS

Quiero recomendarte con mucho respeto y afecto que si estás distinguiendo en este momento la voz del Señor en tu corazón, si Dios está usando estas páginas para llamar tu atención e invitarte a dar el siguiente paso en tu vida discipular, no lo hagas esperar. Nada ni nadie vale tanto como para que lo tengas a Él en lista de espera, aguardando a que te decidas a dar “un último adiós” a tu vida actual. ¡Corre detrás de Jesús, porque es seguro que a Su lado encontrarás plenitud de gozo para tu vida!

Nosotros, quienes decimos amar a Cristo, no deberíamos ser de aquellos que algún día se lamenten por haber desatendido la voz del Señor. Mira lo que dice Proverbios:

> *"Los llamé muy a menudo pero no quisieron venir; les tendí la mano pero no me hicieron caso. [...] Por lo tanto, tendrán que comer el fruto amargo de vivir a su manera y se ahogarán con sus propias intrigas" (Proverbios 1:24, 31).*

Un verdadero discípulo no considera la posibilidad de volver a la vida que dejó, ni intenta manipular a su Maestro o negociar con Él, amenazando o coqueteando con la idea de abandonarlo. Un verdadero discípulo camina firme y sin mirar atrás, porque se ha resuelto a perseverar en la convicción que le hizo renunciar a su tierra y a su parentela. Como me enseñó mi pastor Vincent Fernández, a Jesús le entregamos THAS: todo lo que tengo, todo lo que hago, todo lo que amo y todo lo que soy.

Cuando al Dr. M. Lloyd-Jones alguien le expresaba su admiración por haber renunciado a su brillante carrera de médico para dedicarse a la predicación del evangelio, él solía contestar: "No, yo no he tenido que renunciar a nada, sino que lo he recibido todo". Él tenía una actitud semejante a la de Rut, y de la misma manera deberíamos caminar nosotros en pos de Jesús.

Una cuestión de fe

Hebreos 11:6 nos enseña que "sin fe es imposible agradar a Dios". Esto lo dice en el contexto de dos personajes: Abel, que ofreció lo primero y lo mejor a Dios, y Enoc, que caminó con Dios y fue llevado al cielo sin ver muerte. Uno le agradó ofreciendo sin sentimientos de pérdida, y el otro le agradó obedeciéndole. Ellos no eran marionetas sin voluntad, sino que fueron hombres que rindieron su voluntad ante el Dios que conocieron por andar con Él.

Si seguimos a Jesús, es seguro que en cada jornada de nuestro andar con Él quedarán exhibidas nuestras imperfecciones y fragilidades... pero también encontraremos junto a Él el lugar más seguro; un lugar que no querremos abandonar, pues nos llenará de esperanza el saber que junto a Él, todas nuestras deficiencias y carencias pueden ser suplidas por Su plenitud y Su abundante gracia.

LA VIDA DEL DISCÍPULO DE CRISTO NO DEBERÍA SER UNA VIDA TAN AISLADA QUE LLEGUES A ESCUCHAR EL ECO DE TUS PROPIOS PASOS AL CAMINAR.

Quienes no pertenecen al Reino de Dios, dada su mirada natural, considerarán que la fe tiene que ver con el robo o la anulación de nuestra voluntad, pero para el discípulo que camina siguiendo a su Señor, la fe es el vínculo para vivir en adoración pura a su Dios.

Un discípulo verdadero camina sabiendo lo que dice el final de Hebreos 11:6: que Dios es "galardonador de los que le buscan". ¡Esta es una grata certeza! Por eso, y aunque no se nos den a conocer todos los detalles de lo que vendrá, la fe es la convicción que nos lleva a tomar resoluciones firmes, sabiendo que la historia termina con un final glorioso.

Dejándolo todo y quemando las naves

Quiero agradecerte la paciencia y la perseverancia que has tenido para llegar a estas últimas páginas del libro. Mi anhelo profundo es que algo de esta lectura haya sembrado nuevas semillas en tu vida que en los próximos días, meses y años den fruto para la gloria de Dios y para el gozo de tu alma. También anhelo que, aunque sea indirectamente, estas páginas influyan de manera positiva en las vidas de todos aquellos que serán bendecidos por tenerte cerca, viéndote crecer en tu caminar con Cristo, y también de aquellas personas a las que te tocará guiar o aconsejar como líder o pastor.

Temas como los que hemos abordado en estos capítulos no suelen ser sencillos. Y no me refiero a la comprensión intelectual solamente, sino a la valentía y el arrojo que requieren para ser puestos en práctica en nuestras vidas. Por eso, quiero cerrar este escrito recordándote que no estás solo, que no estás sola, en este caminar...

La vida del discípulo de Cristo no debería ser una comparación entre unos y otros para ver quién lo hace mejor, quién es más valiente, o quién asombra más con sus dones, pero tampoco debería ser una vida tan aislada que llegues a escuchar el eco de tus propios pasos al caminar. El que anda solo no puede saber si se ha perdido, porque no hay nadie que lo oriente ni que le haga ver si se ha apartado de la senda. Por eso, el discípulo de Jesús debe caminar con la vista puesta en su Señor, pero cerca de otros que viven en el mismo camino. Esos "otros" de los que hablo son personas comunes y corrientes, con errores y fallas (¡por el simple hecho de ser humanos!), pero igualmente apasionados, con corazones ardientes, y llenos del Espíritu Santo.

¡LAS RECOMPENSAS PARA AQUELLOS QUE OBEDECEN AL SEÑOR SIN DAR MARCHA ATRÁS SON TANTAS QUE NO PUEDEN ALCANZAR A COSECHARSE EN SU LAPSO DE VIDA!

Quiero citarte dos ejemplos que forman parte de esa "gran nube de testigos" (Hebreos 12:1) que nos inspiran a correr esta gran carrera. Sus vidas son una fusión de todo lo que acabo de mencionar: grandes aciertos y grandes errores, ¡pero Dios los ayudó a terminar su carrera con altos honores! ¿No anhelas, al igual que yo, que el final de nuestra carrera sea también así?

El primer ejemplo es Abraham. Abraham abandonó su tierra y su parentela por una orden recibida y una promesa dada. Él salió de su entorno seguro y conocido, simplemente por obediencia al Señor. Y es cierto que Dios no nos oculta de nosotros los errores que el "padre de la fe" cometió. No los esconde ni los excusa: son visibles a todos los que hemos leído las Escrituras. Pero también vemos sus grandes virtudes: su determinación y su fe probada una y otra vez.

Su recompensa fue una tierra nueva y una descendencia incontable. Nota bien que no fue Abraham quien poseyó ese lugar, ni quien corrió jugando tras sus nietos o bisnietos en la tierra que fluye leche y miel. Fueron otros los que cosecharon la siembra de fe que él hizo. ¡Las recompensas para aquellos que obedecen al Señor sin dar marcha atrás son tantas que no pueden alcanzar a cosecharse en su lapso de vida! Vivir por la fe es sembrar semillas de las que florecerán árboles cuyo fruto jamás probaremos, pero que alimentarán a muchos que vendrán después.

Algo semejante hizo Rut, tal vez hasta con más determinación, pues ella no recibió ninguna promesa ni orden para salir de Moab. Abraham tenía la memoria de la voz que lo había llamado, pero Rut no tenía "nada"... nada más que su fe.

Por supuesto no estoy sugiriendo que Rut sea mejor que Abraham, ni estoy tratando de organizar una competencia para ver cuál fe fue más audaz. Lo que busco es destacar que lo que ambos tuvieron en común fue una mirada de fe hacia lo intangible, hacia lo invisible, aquello que solo era real en sus corazones. ¡Esto es la fe en acción! Es lo mismo que ocurrió en el corazón de aquellos doce que escucharon la voz de Jesús que les dijo: "Sígueme". Los Evangelios dan testimonio de que ellos no pudieron resistirse a esa voz y, al instante, dejándolo todo, lo siguieron.

El segundo ejemplo que quiero citar es Pablo. Aquel gran fariseo de nombre Saulo, formado doctrinalmente a los pies del más ilustre maestro de la época, Gamaliel, quien aun con toda su formación, con todo su bagaje cultural y con lo áspero de su religiosidad, yendo de camino a Damasco fue transformado por un encuentro con el Maestro. Si bien fue impactado por el resplandor, fue la voz del Señor la que quebró la rigidez de su interior y la que lo llevó a hacer un cambio radical. Habiendo recibido instrucciones, obedeció para tomar unos días en la ciudad, recibir sanidad, y después cambiar para siempre el rumbo de su vida. La Escritura da cuenta de que renunció a su estatus, a sus posesiones, y más tarde él mismo narraría su renuncia a todo lo que había conseguido. Te invito a leerlo en sus propias palabras:

> *"...yo estimo como pérdida todas las cosas en vista del incomparable valor de conocer a Cristo Jesús, mi Señor, por quien lo he perdido todo, y lo considero como basura a fin de ganar a Cristo" (Filipenses 3:8, LBLA).*

Una cosa es perderlo todo, ¡y otra cosa es estimarlo como basura! Las personas que pierden todo pueden llegar a esa condición por un infortunio: huracanes, terremotos, robos, accidentes y un largo etcétera, ¡pero éste no era el caso de Pablo! Él lo perdió todo, pero la condición de su corazón no reflejó un lamento ni una referencia a una catástrofe. Y es que no es solamente que ya no tenga lo que antes poseyó, sino que aquello ya no es añorado ni estimado en valor. ¿Puedes notar el énfasis que hace sobre esto en su declaración? Ya no tiene lo que tenía, pero eso no lo consume, ¡porque él ya había renunciado a todas esas cosas! Ahora, no es que el Evangelio lo haya convertido en un desinteresado e insensible. ¡Es que, en vista del incomparable valor de conocer a Cristo, él no tiene nada que lamentar!

Sabemos que hay lugares y posesiones que el discípulo deja físicamente, como hicieron Abraham y Rut, y hay lugares y posesiones de valor que el discípulo abandona en su corazón, porque les resta importancia hasta dejarlas carentes de atención y afecto, como es el caso de Pablo y Rut también. Seguramente al mencionar estos casos podrán venir a tu mente otros personajes bíblicos que tomaron decisiones sin marcha atrás por causa del Reino, y qué decir de la historia de la Iglesia, en la que hay incontables memorias que hoy son nuestra inspiración y referencia de cómo ser verdaderos discípulos de Jesús. Todos ellos tienen un sello en común: emprendieron su camino de discípulos y se sostuvieron en él porque pusieron la mirada en una recompensa que nunca les fue presentada físicamente, pero que abrazaron por la fe, y esa certeza que reposó en sus corazones los guardó hasta el fin.

NAVEGAR SIN VER TIERRA FIRME ES PARTE DEL VIAJE.

Un verdadero discípulo es alguien que ha elegido ser un forastero y un peregrino en esta vida pasajera, porque entiende que los tesoros del cielo que se forjan en la tierra tienen un precio: el precio de llevar una vida en la que, en lugar de navegar conforme a los valores de este mundo, hemos tomado la decisión de quemar las naves y caminar por fe, negándonos la posibilidad de volver atrás, y no por estoicismo ni heroismo, sino por las promesas que nos fueron dadas y por las recompensas que sabemos que vendrán.

Las gloriosas recompensas del discípulo

Es probable que después de reflexionar sobre las implicaciones y el costo que conlleva seguir a Cristo, algunos de nosotros experimentemos zozobra o preocupación… y quiero decirte que esto es normal. No es un pecado ni señal de cobardía. La incertidumbre que invade tus sentimientos cuando te lanzas a ser discípulo es equiparable a la sensación de alguien que aborda un barco para ir a un destino sabiendo que no regresará. Al zarpar, es natural que los ojos de ese viajero sin retorno están concentrados observando cómo se va alejando el puerto de partida, el mundo conocido, mientras que en el horizonte no hay nada más que agua... nada firme, ni la más mínima señal de cuándo se tocará tierra nuevamente. El capitán y los marineros de ese barco no tendrían la angustia ni las dudas del navegante novato, porque la experiencia de andar en el mar les permite adentrarse en las aguas, nudo a nudo, sabiendo que aunque no vean el puerto de llegada, ahí estará para recibirlos cuando sea el momento. Si bien tendrán que pasar al igual que el viajero esos días debajo del rayo del sol azotador, o en el vaivén de las olas agitadas por la tormenta, ellos irán tranquilos, pues en su interior saben que navegar sin ver tierra firme es parte del viaje.

Al discípulo de Cristo, como viajero en altamar, lo distingue el gozo de saber que se está dirigiendo a un lugar mucho mejor que el que dejó. Siempre es así, en cada estación, en cada cambio y en cada nueva temporada. El miedo y los nervios son parte normal del inicio de una nueva etapa, pero la fe trae firmeza en medio del mar, cuando aun no hay señales ni trazas del nuevo mundo. Es la fe la que permite vencer la nostalgia y la añoranza. Es ver, pero no con los ojos naturales, sino con los ojos que la convicción nos da. Y cuando menos lo espera, el discípulo navegante comienza a disfrutar las nuevas sensaciones y a disfrutar del paisaje aun en lo desconocido. La paz que el Señor pone en su corazón le permite ahora pensar en la siguiente fase y dejar de experimentar pena y renuencia, valorando el porvenir más que el pasado y lo que quedó atrás. Y en este transitar es el Espíritu Santo quien nos sostiene, quien nos afianza, y quien llena de alegría inexplicable nuestro ser.

Rut experimentó este cambio de estación, y también estas emociones. Dejando el "puerto" seguro y conocido de Moab para ir "mar adentro" rumbo a Belén, a donde ella y Noemí llegaron sin claridad de lo que vendría, pero con expectativa de que Dios podría hacer algo a su favor. No había promesas, no había confirmaciones, tan solo posibilidades y esperanza. Así llegaron a Belén, al comienzo de la siega de la cebada (ver Rut 2:23).

AL IGUAL QUE RUT, DEBERÍAMOS MANTENER SIEMPRE UN OÍDO HUMILDE Y UN CORAZÓN DISPUESTO A LA OBEDIENCIA.

¡Es muy esperanzador ver cómo Dios recompensó la determinación que tuvo Rut aun cuando no sabía lo que vendría en esta nueva etapa de su vida! ¿Y no es maravilloso que ese breve libro cuente una trágica historia en poco menos de un capítulo, una decisión de vida en unos cuantos versículos, y la benéfica mano de Dios en respuesta a la determinación de confiar en Él en tres cuartas partes de libro?

Al llegar a Belén, Rut comenzó a experimentar la providencia de Dios y a disfrutar de los cielos abiertos sobre su vida... esos mismos cielos abiertos que están reservados aún hoy para los discípulos, para aquellos que salen de su tierra y abandonan a dioses falsos para seguir al único Dios verdadero. Con el consentimiento de Noemí (ver Rut 2:2), Rut se fue al campo a recoger espigas (de la misma manera que la vida del discípulo de Jesús conlleva trabajo, esfuerzo y dedicación). Y entonces apareció un nuevo personaje en la historia: Booz. Este era un propietario de tierras que le abrirá espacio para desempeñar un trabajo digno. Con el correr de la historia, Booz le otorgó a Rut una serie de privilegios que solamente podían tener los jornaleros y los criados, pero que a ella, como forastera, de acuerdo a las costumbres de esa región no le correspondían. No obstante, Rut no se abusó de este trato preferencial, sino que se mantuvo humilde y respetuosa. Incluso vemos que en determinado momento ella le preguntó a Booz por qué le brindaba tanta ayuda, y su respuesta resulta conmovedora:

> *"Entonces Rut cayó a sus pies muy agradecida.*
>
> *—¿Qué he hecho para merecer tanta bondad? —le preguntó—. No soy más que una extranjera.*
>
> *—Sí, lo sé—respondió Booz—; pero también sé todo lo que has hecho por tu suegra desde la muerte de tu esposo. He oído que dejaste a tu padre y a tu madre, y a tu tierra natal, para vivir aquí entre gente totalmente desconocida. Que el Señor, Dios de Israel, bajo cuyas alas viniste a refugiarte, te recompense abundantemente por lo que hiciste" (Rut 2:10-12).*

Debemos aprender de este ejemplo. Cuando las cosas le van bien a un discípulo, muchas veces se ve tentado de comenzar a trazar su propia senda. Sin embargo, al igual que Rut, deberíamos mantener siempre un oído humilde y un corazón dispuesto a la obediencia. Mira las palabras de Rut un poco más adelante, ante las nuevas instrucciones que Noemí le da:

> *"—Haré todo lo que me dices—respondió Rut.*
>
> *Así que esa noche bajó al campo donde se trilla el grano y siguió las instrucciones de su suegra" (Rut 3:5-6).*

¿Puedes notar que mientras la vida de Rut se mantiene camino arriba, de triunfo en triunfo a pesar de la adversidad, la vida de Orfa desaparece de las memorias bíblicas? No podemos saber qué ocurrió con ella. Podemos suponer que para lograr una reinserción social tuvo que volver a adorar a sus ídolos, de modo que pudiera ser bienvenida entre los suyos. Quizá ella también se habrá preguntado más de una vez cómo les estaría yendo a Rut y a

Noemí en la nueva tierra en la que ella nunca se atrevió a incursionar y, por lo tanto, de la que nunca recibió frutos.

Vivir como discípulos implica renuncias, sufrimientos, y expectativas que no siempre tienen respuestas prontas... pero podemos estar seguros de que veremos la intervención oportuna del Señor. Por el contrario, el que se queda como mero creyente, se niega a sí mismo la posibilidad del glorioso mañana que viven quienes han dejado su tierra y su parentela para ir en pos de Jesús, avanzando hacia adelante con fe a pesar de las lágrimas. No es por "elitismo" que queramos segmentar a las personas en creyentes y discípulos, sino porque la realidad es que no pueden acceder a las mismas recompensas por la simple razón de que no hacen las mismas siembras.

Para Orfa pudo más el arraigo a lo conocido. Para otros puede ser la cobardía, que es socia de la incredulidad. ¿Y a ti y a mí, que podría frenarnos en nuestro avance como discípulos?

He observado que hoy en día en nuestras congregaciones hay muchas Orfas y muchas Ruts. No importa a dónde vayas, siempre habrá personas de ambos tipos, y puedes estar seguro de que llegará el tiempo en el que tendrás que decidir entre ser una, o ser la otra. Si aún hay temor dentro tuyo, recuerda esta Palabra:

> *"Porque el Espíritu que Dios nos ha dado no nos hace cobardes, sino que él es para nosotros fuente de poder, amor y buen juicio" (2 Timoteo 1:7, PDT).*

No deberíamos temer ser seguidores de Jesús, pues Él prometió que enviaría al Consolador, y que Él mismo estaría con nosotros (ver Juan 14:16-17 y Mateo 28:20b). Seguir a Jesús conlleva riesgos, retos, grandes desafíos y dolor, pero debido a que Él es el Agua viva y el Pan de vida, podemos vivir saciados en medio del camino. Y Él prometió que haría brotar de nuestro interior ríos de agua viva (ver Juan 7:38-39), de manera que podemos batallar y sangrar, pero no perecer, pues Él nos sostiene.

El escritor G.K. Chesterton dijo: "Los hombres valientes son vertebrados; tienen su parte blanda en la superficie y la dura en el interior. Los cobardes son crustáceos; su dureza está toda por fuera y su blandura por dentro".

LAS RECOMPENSAS DEL DISCÍPULO TRAEN GOZO Y PLENITUD A SU VIDA, PERO TAMBIÉN BENDICIÓN A OTROS, Y SIEMPRE CONECTAN CON PROPÓSITOS QUE SIRVEN AL REINO DE DIOS.

Los discípulos de Cristo somos hombres y mujeres valientes, que no nos amedrentamos ante lo que pueda venir, y que tenemos firmeza en nuestro corazón porque sabemos en Quién hemos creído.

Rut, en su tiempo, caminó con la firmeza de haber conocido al Dios de Noemí. Luego ella pudo conocerlo y abrazarlo de manera personal como su Dios. Claro que fue difícil comenzar de nuevo: una nueva etapa, un lugar distinto, un idioma y costumbres nuevas, pero por la fe en Jehová el Señor ella abandonó su tierra y se fue a vivir a Belén, y allí experimentó gracia sobre gracia.

En las últimas líneas del libro de Rut encontramos una combinación gloriosa: redención, tiempos nuevos, amor, gracia, favor, matrimonio, alegría, posesión de nuevos lugares, herencia, paternidad, maternidad y mucho más. Noemí, que antes había pedido que la llamaran Mara (amargura), se convirtió en una abuela feliz que crió a un pequeño bebé que traería, a su vez, una nueva estela de luz:

> *"Las vecinas decían: «¡Por fin ahora Noemí tiene nuevamente un hijo!». Y le pusieron por nombre Obed. Él llegó a ser el padre de Isaí y abuelo de David" (Rut 4:17).*

Deseo que notes conmigo que las recompensas del Señor no evitan el duelo, la incertidumbre, o la duda, pero cuando llegan traen gozo verdadero, paz profunda, y dejan una herencia para las nuevas generaciones.

Estoy seguro de que Rut jamás pensó que como fruto de su determinación de seguir a Noemí y a su Dios, ella encontraría gracia y amor en Belén, ni que llegaría a ser madre... ¡Y mucho menos puede haber imaginado que de sus descendientes vendría más tarde el mismísimo Salvador! ¿Lo notas? Las recompensas del discípulo traen gozo y plenitud a su vida, pero también bendición a otros, y siempre conectan con propósitos que sirven al Reino de Dios.

Anhelo sinceramente que todo lo que he expuesto en este libro anime tu corazón si es que necesitas atreverte a dejar de ser un creyente para convertirte en un verdadero discípulo de Cristo. Y si ya habías tomado esta decisión, mi anhelo es que este libro te haya dado aliento, y que te ayude a guiar a otros que también están en el camino.

Todos habremos de llegar algún día frente al Maestro y Señor, frente a Cristo, nuestro gran Amado. ¡Que Él sea siempre nuestro estandarte y nuestra meta! Que nuestros pasos siempre sigan sus pisadas, pues si vivimos así no tendremos miedo ni vergüenza de verlo luego frente a frente. Él conoce nuestras carencias y nuestros desafíos. Él es plenamente consciente de nuestra condición humana y de nuestras tentaciones. Él sabe que no dejamos de ser polvo, y con todo eso, Él sigue diciendo: "Sígueme".

Sigámoslo, pues, sin dudarlo y sin mirar atrás.

Capítulo XI:
Avanzando a pesar de las lágrimas

1. ¿Qué desafíos estás enfrentando actualmente que te invitan a avanzar con fe a pesar de las lágrimas?

2. ¿Cómo puedes mantener tu mirada en las recompensas eternas mientras enfrentas dificultades?

3. ¿Qué significa para ti quemar las naves y no mirar atrás en tu caminar con Cristo?

4. ¿Cómo puedes inspirarte en los ejemplos de Abraham, Rut y Pablo para perseverar en tu fe?

5. ¿Qué pasos concretos puedes tomar para vivir como un verdadero discípulo que avanza con determinación?

ALGUNAS PREGUNTAS QUE DEBES RESPONDER:

¿QUIÉN ESTÁ DETRÁS DE ESTE LIBRO?

Especialidades 625 es un equipo de pastores y siervos de distintos países, distintas denominaciones, distintos tamaños y estilos de iglesia que amamos a Cristo y a las nuevas generaciones.

¿DE QUÉ SE TRATA E625.COM Y QUÉ ES EL SERVICIO PREMIUM?

Nuestra pasión es ayudar a las familias y a las iglesias en Iberoamérica a encontrar materiales de calidad y recursos para el discipulado de las nuevas generaciones. Por eso, existe e625.com que te sirve los 365 días del año con cientos recursos gratis.

Además, existe PREMIUM, nuestra zona de contenido a la que podes acceder con una suscripción como iglesia y/o ministerio para obtener más recursos espectaculares para usar con el liderazgo y las familias de tu iglesia local.

¿PUEDO EQUIPARME CON USTEDES?

Contamos con nuestro Instituto e625 Online, que ofrece diplomados para el ministerio generacional, cohortes pastorales certificadas y clínicas específicas con temas relevantes.

Para conocer nuestra propuestas de formación ministerial ingresa a: www.institutoe625.com

¡APRENDAMOS JUNTOS!

Suscripción de
materiales premium
para iglesias
Tienda con envíos
internacionales
Investigaciones 6.25
Chat en
tiempo real
Seminarios para
iglesias locales
Editorial
INSTITUTO
e6
25
Eventos de
actualización
ministerial
Educación online
www.institutoe625.com